OS QUATRO PILARES DA
PSICANÁLISE JUNGUIANA

Murray Stein

OS QUATRO PILARES DA
PSICANÁLISE
JUNGUIANA

– Individuação – Relacionamento Analítico –
Sonhos – Imaginação Ativa –

Uma Introdução Concisa

Tradução
Hugo Iglesias Torres de Moraes

Editora Cultrix
SÃO PAULO

Título do original: *Four Pillars of Jungian Psychoanalysis*.

Copyright © 2022 Chiron Publications.

Publicado mediante acordo com Chiron Publications LLC, Asheville, NC.

Copyright da edição brasileira © 2023 Editora Pensamento-Cultrix Ltda.

1ª edição 2023./1ª reimpressão 2025.

Todos os direitos reservados. Nenhuma parte desta obra pode ser reproduzida ou usada de qualquer forma ou por qualquer meio, eletrônico ou mecânico, inclusive fotocópias, gravações ou sistema de armazenamento em banco de dados, sem permissão por escrito, exceto nos casos de trechos curtos citados em resenhas críticas ou artigos de revistas.

A Editora Cultrix não se responsabiliza por eventuais mudanças ocorridas nos endereços convencionais ou eletrônicos citados neste livro.

Editor: Adilson Silva Ramachandra
Gerente editorial: Roseli de S. Ferraz
Preparação de originais: Marie Romero
Gerente de produção editorial: Indiara Faria Kayo
Editoração eletrônica: Join Bureau
Revisão: Erika Alonso

Dados Internacionais de Catalogação na Publicação (CIP)
(Câmara Brasileira do Livro, SP, Brasil)

Stein, Murray
   Os quatro pilares da psicanálise junguiana: individuação: relacionamento analítico: sonhos: maginação ativa: uma introdução concisa / Murray Stein ; tradução Hugo Iglesias Torres de Moraes. – 1. ed. – São Paulo, SP: Editora Cultrix, 2023.

   Título original: Four pillars of jungian psychoanalysis.
   Bibliografia.
   ISBN 978-65-5736-259-4

   1. Individuação (Psicologia) 2. Jung, C. G. (Carl Gustav), 1875-1961 3. Psicanálise junguiana I. Moraes, Hugo Iglesias Torres de. II. Título.

23-160349   CDD-150.1954

Índices para catálogo sistemático:
1. Psicanálise junguiana: Psicologia 150.1954
Tábata Alves da Silva – Bibliotecária – CRB-8/9253

Direitos de tradução para a língua portuguesa adquiridos com exclusividade pela EDITORA PENSAMENTO-CULTRIX LTDA., que se reserva a propriedade literária desta tradução.
Rua Dr. Mário Vicente, 368 — 04270-000 — São Paulo, SP
Fone: (11) 2066-9000
http://www.editoracultrix.com.br
E-mail: atendimento@editoracultrix.com.br
Foi feito o depósito legal.

Sumário

Uma Breve Introdução 7

PILAR UM: O Processo da Individuação 11

PILAR DOIS: A Relação Analítica 41

PILAR TRÊS: Os Sonhos como Caminho para a Totalidade ... 73

PILAR QUATRO: Imaginação Ativa como Agente de
　　　　　　　　Transformação 107

Referências Bibliográficas 143

Uma Breve Introdução

A psicanálise junguiana é um tipo de psicoterapia. Há muitas abordagens de psicoterapia disponíveis para pessoas que buscam ajuda psicológica atualmente, e muitas vezes se perguntam sobre as diferenças entre elas e se essas diferenças realmente importam em relação ao tratamento clínico. Estudos de resultados, em geral, sugerem que a qualidade do terapeuta é mais importante do que a teoria utilizada. No entanto, as pessoas são curiosas e acredito que a teoria faz diferença, pois orienta o trabalho do terapeuta, quer o paciente perceba ou não.

É em resposta a essa pergunta que eu escrevi esses quatro capítulos sobre a psicanálise junguiana. A pergunta que eu abordo é: O que torna a abordagem junguiana única e diferente das outras? Refleti bastante sobre isso, discuti com colegas da minha área e de outras escolas e li amplamente a literatura psicoterapêutica por muitos anos. Reduzi isso a quatro características essenciais que, quando combinadas, são fundamentais para a abordagem junguiana e a distinguem das demais. Eu as chamo de "Os Quatro Pilares da Psicanálise Junguiana". Vou desenvolver cada um deles nos capítulos seguintes, mas aqui ofereço uma breve visão geral para a orientação inicial do leitor.

O primeiro pilar consiste em um modo de pensar sobre o desenvolvimento psicológico. Na escola junguiana, é chamado de individuação. O conceito de individuação oferece um mapa para rastrear um processo de desenvolvimento ao longo da vida. A segunda característica distintiva é uma maneira particular de entender a relação terapêutica. Para isso, em geral, usamos os termos transferência e contratransferência. Esses termos tiveram origem no vocabulário psicanalítico que Jung construiu com Freud em seu período de treinamento como psicanalista, embora tenhamos uma maneira significativamente diferente de pensar sobre eles quando comparados às perspectivas freudianas e a outras. Essa relação implica uma conexão mais profunda e complexa entre o analista e o analisando do que a mais óbvia e comumente referida como relação terapêutica. Esse assunto compreende o segundo pilar.

A terceira grande característica que distingue uma abordagem junguiana é o fato de que trabalhamos intensamente com os sonhos do paciente. Os sonhos não são apenas bem--vindos dentro da análise; eles são ativamente buscados e empregados como passagens para o inconsciente. Os sonhos são considerados essenciais na psicanálise junguiana por avançar o processo analítico. Como pensamos sobre os sonhos, como os interpretamos e trabalhamos com eles, é o foco do terceiro pilar.

O quarto pilar, a imaginação ativa, é exclusivo à psicanálise junguiana. Esse método envolve uma tentativa de se envolver diretamente com os processos do inconsciente. Está relacionado, embora seja significativamente diferente do trabalho com os sonhos e é usado para fins específicos dentro do contexto da psicoterapia junguiana.

É a combinação desses quatro elementos que distingue a psicanálise junguiana de outros modos de psicoterapia. O psicanalista junguiano treinado estará familiarizado com eles e os usará conforme apropriado com cada paciente individualmente. Cada análise é única, e não há receitas para o processo analítico, no entanto, esses são métodos que podem ser empregados.

PILAR UM
O Processo de Individuação

Os psicanalistas junguianos são instruídos a não recorrer a "técnicas" ou "receitas" em sua prática clínica com pacientes. São encorajados por seus professores a entrar em cada sessão com a mente aberta, acolhendo o material consciente e inconsciente do paciente de qualquer forma ou aparência que se apresente, trabalhando na emergência deste momento face a face em um processo interativo e dinâmico. "Deixe suas teorias e técnicas na porta quando entrar no consultório!" – esse era o conselho do mestre. Os psicanalistas junguianos, em geral, não ficam atrás dos pacientes e não permanecem em silêncio durante as sessões. Eles tendem a estar disponíveis e acessíveis, exibindo suas personalidades com transparência. No entanto, deve-se admitir que o analista tem uma perspectiva clínica que está firmemente enraizada em sua psique. No fundo da mente do analista, há um sistema de orientação baseado em um roteiro de desenvolvimento psicológico, um processo contínuo chamado de *individuação*.

Os analistas junguianos podem nunca chegar a mencionar ao paciente essa perspectiva, mas, no fundo de suas mentes, estão realizando uma avaliação e um tipo de julgamento (diagnóstico) com base nela. A teoria da individuação elabora um programa de desenvolvimento mental considerado normativo em termos transculturais para as pessoas, sem muitas exceções. Jung a descreve como arquetípica, o que significa universalmente aplicável aos seres humanos como os conhecemos. O mapa da individuação nos diz o que é ser uma personalidade humana e nos informa sobre os vários estágios de desenvolvimento ao longo da vida. Ele nos fala sobre o que esperar à medida que uma personalidade se desenvolve em seu máximo potencial. Ao realizar uma avaliação progressiva do processo de individuação conforme alcançada em casos específicos, o analista junguiano está continuamente se perguntando: "Onde essa pessoa está localizada no caminho da individuação e qual é o próximo passo?". Para isso, a idade cronológica é uma consideração importante. Se uma pessoa tem 45 anos, espera-se que esteja em um determinado estágio normativo de desenvolvimento psicológico; se ela tem 21 anos, essas expectativas são diferentes. Já se a pessoa tem 75 anos, isso traz outro conjunto de diferenças.

Neste capítulo, pretendo destacar como esse roteiro se manifesta e discutir o que está operando na mente dos analistas junguianos enquanto avaliam o nível de desenvolvimento psicológico da pessoa sentada à sua frente.

Jung é amplamente reconhecido como o primeiro grande teórico da psicologia a abordar a continuidade da vida, ou seja, um processo de desenvolvimento psicológico que ocorre ao longo de toda a vida. Ele nomeou esse processo de desenvolvimento como "individuação". A ideia básica por trás da individuação é simples: ao longo da vida, uma pessoa se torna o que potencialmente se é desde o início. Em outras palavras, a individuação é a realização do potencial do eu que começa a existir no útero materno e termina com a morte, em qualquer idade que tenha sido alcançada. Esse processo de tornar-se plenamente o eu essencial requer tempo e ocorre através de vários estágios.

A ideia por trás da teoria da individuação é que nascemos com um *self não desenvolvido* que precisa de tempo para se tornar uma personalidade individual única. Esse processo é frequentemente comparado à teoria da bolota do desenvolvimento psicológico, na qual a bolota representa o *self* não desenvolvido e, ao ser plantada e regada, cresce ao longo do tempo em uma árvore totalmente desenvolvida, com galhos que se estendem em direção ao céu e raízes profundas que se aprofundam na terra. Esse processo leva tempo e ocorre em vários estágios.

A metáfora da bolota é usada para explicar a ideia de que a personalidade individual também é potencialmente contida no eu em seu início, mas precisa de tempo e desenvolvimento para se tornar completa. Assim como a bolota precisa de tempo e condições adequadas para se desenvolver em uma árvore, o eu precisa de tempo e experiências adequadas para se desenvolver em uma personalidade individual completa e única. No processo de individuação, o eu potencial é desenvolvido e moldado em um eu individual e distintivo com uma identidade única, com suas próprias características, valores e crenças.

Nós nascemos como um *self*, mas esse *self* é potencial. Podemos chamá-lo de semente germinativa do *self* que está por vir. Na linguagem alquímica, essa é a *prima materia*, a matriz básica que contém tudo o que é necessário no processo que eventualmente se tornará o *lapis philosophorum*. Levará um período de tempo, na verdade muitos anos, para que a personalidade completa se torne totalmente manifesta. Mas o *self* original contém todo o potencial e se desdobrará e se desenvolverá em um determinado momento e lugar, em um determinado indivíduo, família e cultura. O *self* é tanto geral, na medida em que é composto pelo mesmo material que todos possuem, quanto único, na medida em que é uma combinação particular de materiais genéricos (os arquétipos) e implantado em um corpo único dentro de um determinado tempo e lugar. O específico e o relativo são apoiados pelo universal e absoluto.

Na psicologia junguiana, o desenvolvimento do ego único e particular, com a consciência circundante e a identidade *persona*, representa apenas o início do pleno desenvolvimento do *self*. O *self* é um fator psicológico transcendente, pois inclui todos os aspectos da personalidade, conscientes e inconscientes. Algumas escolas de psicoterapia se concentram no desenvolvimento de estruturas egoicas e na identificação com a *persona* ("ajustamento"). Isso é uma parte importante do processo de individuação como um todo, mas não representa tudo. Às vezes, Jung escrevia sobre a individuação como se tornar o que você é, e não apenas *quem* você é. *Quem* se refere à sua identidade consciente, mas *o que* é a totalidade do *self*, os aspectos conscientes e inconscientes combinados. Um axioma primordial da psicologia junguiana é que o *self* é superior ao ego, e que o ego é apenas uma parte da totalidade do *self*, embora seja uma parte absolutamente essencial.

A realização completa do *self*, ou a individuação completa, é um objetivo de desenvolvimento que não é totalmente alcançável e realizável dentro de uma única vida. Isso ocorre porque a consciência humana não é grande o suficiente para integrar todos os aspectos do *self*. Apenas uma parte do *self* pode ser integrada na consciência. Mesmo após um longo processo de desenvolvimento da individuação, certos aspectos do *self* permanecem inconscientes e além do alcance da consciência. O *self* é composto por muitos potenciais arquetípicos, mas um indivíduo pode realizar apenas algumas dessas possibilidades. Cada indivíduo é uma combinação específica dessas diversas possibilidades arquetípicas, que refletem sua história de vida e suas experiências.

Jung argumentou que a individuação é um processo arquetípico que tem uma meta definida. Quando afirmamos que é arquetípico, estamos dizendo que é semelhante a um instinto e, portanto, pertence a todos nós: todos os seres humanos possuem dentro de si esse impulso para realizar o processo de individuação. Algumas pessoas alcançam um nível mais alto de individuação do que outras, mas isso não significa necessariamente que elas tenham uma pulsão de individuação mais robusta e ativa dentro delas. O que ocorre é que elas conscientemente contribuíram para esse processo em suas vidas e se ajudaram a alcançar sua própria realização. Para algumas pessoas, seu processo de individuação foi limitado ou bloqueado, seja por falta de recursos, traumas ou barreiras e obstáculos culturais intransponíveis. Sua individuação não pode ser completamente realizada devido a esses fatores que as impedem e as retêm. Além disso, a individuação é um trabalho árduo que requer coragem e muita energia. Algumas pessoas simplesmente estão envoltas pelo medo, são preguiçosas ou não estão motivadas o suficiente para ajudar o inconsciente na busca da individuação.

Agora irei discorrer sobre os diversos estágios discerníveis do processo de individuação.

O próprio Jung dividiu o período de vida em dois estágios ou fases principais – a primeira metade da vida e a segunda.[1] Ele afirmou que a vida é como a jornada do Sol: começa no Leste, atinge o auge ao meio-dia, depois declina e, finalmente, desaparece no Oeste, assim como nossa vida começa na escuridão do útero, emerge para a luz e sobe ao ápice, depois declina e, finalmente, desaparece na escuridão do túmulo. De acordo com a longevidade bíblica, a expectativa de vida era de 70 anos*, mas em uma cultura moderna como a nossa, a expectativa média de vida é de cerca de 80 a 90 anos. Portanto, a primeira metade da vida seria entre os 35 e 45 anos, enquanto a segunda metade da vida poderia durar até os 80 ou 90 anos ou mais. De fato, muitas pessoas hoje em dia são produtivas e saudáveis até a metade dos seus 90 anos de idade, o que lhes permite desfrutar de uma segunda metade da vida consideravelmente mais longa.

Erich Neumann, o aluno mais destacado de Jung, apresentou outras diferenciações relevantes.[2] Ele dividiu a primeira metade da vida em duas partes distintas: a primeira denominada como "estágio da mãe" e a segunda como "estágio do pai". O estágio materno começa desde o útero materno e se estende até cerca dos 12 anos de idade. Segundo a tradição, por volta dessa idade, ocorre uma iniciação à idade adulta, a qual é dominada pelo pai. O estágio paterno começa por volta dos 12 anos de idade e se estende até a meia-idade,

---

[1] C. G. Jung. "The Stages of Life."

* Retirado da Bíblia *King James* – Salmo 90, versículo 10. (N. do T.)

[2] E. Neumann. *The Origins and History of Consciousness.* [*História das Origens da Consciência.* 2ª ed. São Paulo: Cultrix, 2022.]

em torno dos 40 anos, em geral. Já a segunda metade da vida é denominada como estágio do indivíduo. Em cada um desses estágios, há a predominância de uma figura específica.

Neumann propõe que as figuras da mãe, do pai e do indivíduo são simbólicas, cada uma representando um estágio do processo de individuação. A *mãe* é o símbolo de uma ambientação específica ou de uma atitude particular que se aplica à infância, enquanto o *pai* é um símbolo de uma ambientação ou de uma atitude que começa na adolescência e continua até o período da meia-idade. Já o *indivíduo*, é um símbolo de um *locus* de controle interno durante esta fase da vida. Durante a primeira fase, o "princípio da mãe" governa e é o ponto de referência para o processo de individuação. Na segunda fase, o "princípio do pai" governa e é o ponto referencial para o processo de individuação. Essas imagens representam autoridade: a mãe é a figura de autoridade no primeiro estágio, enquanto o pai é a figura de autoridade no segundo estágio. No terceiro estágio, o *self* é a figura da autoridade.

O primeiro desenho a seguir representa a vida útil, começando com o nascimento (B, lado esquerdo) e terminando com a morte (D, lado direito). Isso se assemelha ao Sol viajando pelos céus, como uma metáfora utilizada por Jung para descrever o ciclo de vida do indivíduo. Em sua palestra sobre "Os Estágios da Vida", Jung se torna poético em sua ilustração do curso da vida, embora também se desculpe a respeito da símile "esfarrapada".[3]

---

[3] Jung, op. cit., par. 778-78.

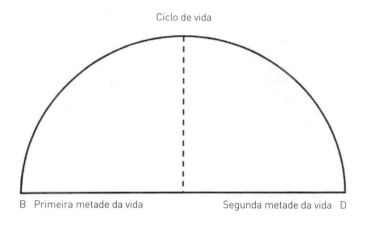

Diagrama 1

As duas fases da vida podem ser divididas em vários estágios ou fases, como mencionado no segundo diagrama a seguir, que também inclui períodos de transição entre as fases (Diagrama 2). A individuação começa no feto, entra no mundo exterior no nascimento, passa da primeira infância e segunda infância para a adolescência, que é um período de transição até que a idade adulta seja atingida. Na meia-idade, há outro período de transição, quando uma pessoa passa do início da idade adulta para a idade adulta madura. Cada um desses períodos transitórios tende a ser emocionalmente turbulento e instável, representando uma transformação na individuação. Os períodos antes e depois dessas transições tendem a ser relativamente estáveis. As transições são tumultuadas porque a psique está mudando sua orientação e perspectiva básicas em relação a si mesma e aos outros.

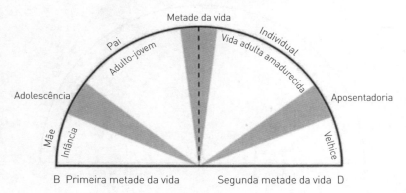

Diagrama 2

Como muitas pessoas têm uma vida tão prolongada nos dias de hoje, há um período transitório significativo para elas no final da idade adulta, um estágio que é geralmente referido como os anos de "aposentadoria". Isso não significa necessariamente a cessação de todas as atividades anteriores ao trabalho, mas, sim, uma transição de uma vida mais ativa para uma mais reflexiva. Anteriormente, os adultos carregavam grandes responsabilidades em seus vários papéis sociais e profissionais, e agora se tornam mais ocupados com memórias, reflexões e questões relacionadas ao significado espiritual. Esse período da vida está atualmente sob maior escrutínio pela parte de profissionais como psicólogos e psicoterapeutas imersos dentro deste campo em expansão que é a gerontologia. O que ainda pode acontecer na velhice a partir de uma perspectiva psicológica e mental é um tópico de enorme interesse. É fácil perceber o declínio: diminuição da memória e das capacidades de aprendizagem, sem mencionar a parte atlética. Observamos o corpo começar a "quebrar", e em relação aos aspectos físicos, todas as espécies de dificuldades se apresentam. No entanto, isso não necessariamente é o caso em termos psicológicos ou espirituais. Novos avanços dentro da individuação começam a se estabelecer nesse momento, criando, assim, outra fase da vida, ao final da idade adulta, que se estende até a velhice. Algumas das maiores obras de literatura, arte, música e filosofia foram criadas por pessoas neste estágio tardio do processo de individuação.

A palavra "indivíduo" significa "indivisível" e a frase "processo de individuação" significa "tornar-se não dividido". À medida que irei dialogar sobre o desenvolvimento psicológico, ficará claro por que é tão importante se tornar indiviso, ou seja, individuado, nos estágios posteriores do desenvolvimento psicológico. No decorrer da vida, a psique é dividida em partes, ou seja, consciente e inconsciente. Nós necessariamente nos separamos de certas partes da psique em determinados estágios de desenvolvimento a fim de ganhar uma identidade social, uma *persona*. Deixamos partes de nós mesmos fora da consciência para nos adaptarmos às condições sociais e encontrarmos um lugar dentro da competição cultural ao nosso redor. Então, em uma fase posterior da vida, temos que voltar e recuperar o que foi deixado de fora ou o que não foi acessível até agora. Temos que nos conduzir em direção à integridade psicológica, tornando o *self* o mais consciente possível. Em última análise, o símbolo do potencial máximo alcançado é a mandala, o círculo. O círculo contém todas as partes; é o todo. Pode conter conflitos internos e externos sem se dividir e quebrar. Pode conter a quantidade máxima de informações sobre si mesmo e o mundo, e manter tudo junto.

Cada estágio e cada período de transição no processo de individuação têm seus desafios e requisitos específicos. Irei descrever os estágios e a transição brevemente ao longo das próximas páginas.

Estágio Um: Infância – A Era da Mãe

No primeiro estágio do desenvolvimento psicológico, o indivíduo se forma no útero da mãe e, ao nascer como bebê, inicia a fase da infância. Essa é a parte mais antiga do desenvolvimento psicológico e muitas coisas que ocorrem nesse estágio podem ter um impacto no desenvolvimento da personalidade futura. Quando se está no ventre da mãe, o bebê se encontra dentro de um mundo. Ao nascer, ele entra em outro mundo e passa por uma transição de um ambiente escuro para um ambiente claro. Quando o bebê nasce, ele abre os olhos e ouvidos e começa a perceber as coisas, mas não sabe onde está nem quem são as pessoas ao redor, nem mesmo que são "pessoas". Isso ocorre porque suas habilidades cognitivas ainda não foram desenvolvidas. Imagine não ter memória ou conceitos! No entanto, o mais importante nesse estágio é formar um apego emocional a esse novo mundo. O recém-nascido precisa se apegar a alguém ou algo que ofereça uma recepção calorosa e motivação para querer permanecer nesse novo espaço.

Muitos estudos foram realizados nas últimas décadas por pesquisadores da psicologia sobre a relação inicial entre mães e bebês. Uma teoria chamada "teoria do apego" foi desenvolvida para observar e descrever essa fase. O apego é como uma cola emocional que mantém duas pessoas unidas, fazendo que queiram estar juntas. Outra metáfora seria a gravidade – a pessoa menor é mantida no lugar pela pessoa maior. Essa gravidade é amor. Conforme a mãe e o bebê se apegam e se conhecem por meio da interação, alimentação e brincadeiras, ambos se tornam próximos e familiares. A criança quer participar da vida porque ela é prazerosa – o mundo é amoroso, carinhoso e estimulante.

Quando esse apego é bem estabelecido, a criança começa a aprender à medida que seu cérebro e corpo se desenvolvem. Ela começa a aprender costumes, linguagem e expressões físicas de emoções e sentimentos, observando e imitando aqueles aos quais está mais apegada. Esse estágio da infância, que dura desde o nascimento até cerca de 18 meses ou 2 anos, é uma transição do mundo do útero e do nascimento para um mundo que apresenta pessoas, objetos e valores culturais. Se a transição ocorrer de maneira suave, o bebê entrará facilmente no estágio da infância. No entanto, se o apego estabelecido durante a infância inicial não for bem-sucedido, a criança pode se tornar retraída. Na verdade, os bebês podem decidir emocionalmente, não cognitivamente, se retirar da participação no mundo. Às vezes, eles se recusam a se alimentar e não sobrevivem. A principal tarefa psicológica que precisa ser alcançada neste estágio inicial é o estabelecimento do apego. A figura materna não precisa ser a mãe biológica. Quem desempenha o papel da figura materna tem a função de atrair a criança para a vida, fazendo que ela queira ficar e participar da vida. É nesse momento que o apego é alcançado com sucesso.

Essa é a primeira parte do processo de individuação, e ocorre no estágio materno. Isso às vezes é chamado de "estágio paradisíaco da individuação". Supostamente, essa etapa seria como um paraíso do ponto de vista da criança, visto que tudo que é básico e necessário para a sobrevivência é fornecido – comida, amor e estimulação. A criança não precisa fazer nada além de se apegar e responder. Muitas pessoas imaginam a primeira infância como um paraíso. Todos nós carregamos alguma nostalgia desse estado paradisíaco. Mario Jacoby escreveu um livro chamado *Saudades do Paraíso*. Esse anseio pelo paraíso tem sido interpretado como um desejo de retornar a este mundo mãe-infante onde se é alimentado, amado e investido com brincadeiras. Mas isso é uma projeção de uma imagem arquetípica. O livro de Mario Jacoby apresenta um subtítulo: *Perspectivas Psicológicas de um Arquétipo*. Ele argumenta que a imagem do paraíso é arquetípica e, portanto, é projetada de volta à infância a partir de uma posição posterior, no momento do estágio paterno da individuação, sob a forma de um estado paradisíaco que se é imaginado. É uma projeção para trás de uma imagem arquetípica. Na verdade, a infância não é bem assim, seja para a criança ou para os pais. Esse estágio inicial da vida é muito mais tormentoso e complicado, como os autores psicanalíticos já observaram e escreveram sobre. No entanto, a ênfase nessa fase, que é dominada pela figura materna, é a de assegurar e nutrir.

O paraíso não dura para sempre, como é conhecido na Bíblia. Conforme a criança cresce, ela começa a confrontar o apego e a buscar mais liberdade. Essa fase é conhecida como a "crise dos 2 anos", em que a criança começa a desenvolver sua própria vontade e busca por autonomia. Se ela tiver um apego seguro, vai querer explorar círculos cada vez mais amplos. Nessa fase, o tema da separação começa a dominar o processo de individuação. A criança, à medida que vai crescendo, pode ter mais dificuldades para se tornar autônoma. Ela começa a formar relacionamentos com pessoas além da mãe e pai, e a explorar o mundo com uma nova perspectiva. Isso desencadeia um surto de desenvolvimento do ego, que instiga a separação. A criança quer seguir seu próprio caminho, determinar suas próprias escolhas e obter o que quiser, independentemente da aprovação da mãe. Ela começa a manifestar suas necessidades, como fome e sono, demonstrando o impulso inicial de se tornar um indivíduo.

À medida que o ego se desenvolve, uma divisão na psique entre a consciência e o inconsciente começa a se formar. A criança começa a apresentar duas personalidades distintas: uma doce e conformista, e outra obstinada e desobediente. Isso marca o início do desenvolvimento do eixo *persona*-sombra. O que antes era simples, agora se torna dois e, portanto, mais complexo.

Nessa fase, a criança ainda mantém um forte apego à mãe, embora esse apego comece a se tornar um pouco conflituoso. A presença do pai se torna cada vez mais importante como um outro "polo" dentro da unidade parental. Ele contribui para que a criança desenvolva um relacionamento diferente com a figura materna predominante, que vai além do antigo relacionamento de dependência total. É importante que o pai se envolva com a criança desde cedo para que ela também desenvolva um forte vínculo com ele. O pai ajuda a criança a se separar da mãe e a construir uma ponte para o mundo exterior. Ele pode introduzir a criança ao mundo externo, à esfera da escola e do trabalho, e a uma realidade mais ampla relacionada à sociedade e cultura.

Existe um problema caso o pai não esteja suficientemente presente por conta do trabalho ou por um divórcio, ou algo para além dessas questões, como por exemplo um adoecimento que o torne indisposto. Em razão dessa falta, a mãe também tem que desempenhar o papel paterno. É importante que ela assuma a responsabilidade, por meio de uma medida de não se apegar demasiadamente à criança ou tentar afastá-la do mundo exterior, tentando mantê-la infantilizada e "colada" sempre a ela. Ela tem que auxiliar a criança a afastar-se dela mesma. Caso a mãe se apegue demasiadamente, a criança terá dificuldades em adentrar o próximo estágio, em que a demanda se trata do desenvolvimento de uma *persona* social, a interação com estranhos e, eventualmente, na escolha de uma carreira e parceiro amoroso. Visto isso, é de grande importância que a mãe permita e ajude a criança nesta separação.

Quando uma mãe traz uma criança de 4 a 6 anos para sessões de ludoterapia ou terapia *sandplay* (Jogo de Areia), o terapeuta deve realizar uma entrevista inicial com a mãe para identificar se o problema está relacionado ao excesso de proteção ou controle materno, ou se é uma questão de ausência do pai na vida da criança. A partir disso, o terapeuta pode ajudar a criança a desenvolver uma sensação de autonomia e independência por meio do brincar.

Dentro desse contexto, o terapeuta assume o papel do mundo exterior, que normalmente é desempenhado pelo pai, e apresenta à criança novas possibilidades de interação com o mundo. O brincar com a caixa de areia ou outros materiais lúdicos torna-se um meio seguro e estimulante de explorar o ambiente e se separar da mãe de modo gradual, favorecendo o desenvolvimento de habilidades sociais e emocionais importantes para a vida adulta.

Por vezes, uma criança pode não desenvolver um apego seguro à mãe, e a infância pode não ser assim tão positiva. Se a mãe estiver em um estado deprimido e ansioso, ela pode não conseguir se apegar ao bebê e, portanto, a vida pode se tornar difícil para a criança. Isso pode resultar em uma criança insegura, ou até mesmo em uma criança que carrega ideação suicida e se afasta da vida. O terapeuta que recebe uma pessoa que teve um apego inseguro à mãe pode ajudar essa pessoa por meio do que é chamado de experiência corretiva. Essa é uma experiência que corrige e compensa os déficits anteriores. Para esses casos, um aspecto essencial do processo terapêutico é a relação do terapeuta com o paciente. O terapeuta deve ter muito cuidado para nutrir uma presença estável e confiável para com esse tipo de paciente. Caso contrário, a insegurança assumirá este lugar, e haverá uma repetição do apego inseguro passado experimentado com a mãe.

O terapeuta deve adotar uma atitude de contratransferência maternal, que é receptiva, carinhosa e paciente, evitando julgamentos ou críticas. Pode ser necessário aumentar a frequência das sessões, talvez para duas ou três vezes por semana, já que uma sessão semanal pode não ser suficiente. As sessões devem ocorrer em um ambiente seguro e estável para o paciente. A presença consistente do terapeuta é fundamental para criar uma conexão emocional profunda com o paciente e espelhar sua experiência.

Estágio Dois: Adulto Jovem – A Era do Pai

A criança com o tempo chegará a um importante estágio de transição que é a adolescência, uma fase que normalmente se inicia entre os 11 e 13 anos de idade. Esse é o início da transição para a idade adulta. Nesse ponto, há necessidade de uma forte separação entre o Mundo Mãe e o que chamaremos de Mundo Pai. O adolescente se afasta do apego à mãe e a outros cuidadores primários e passa a se apegar a grupos de pares e outras figuras não parentais adultas. Em termos emocionais, este pode ser um momento muito confuso. A antiga identidade de criança está sendo superada e deixada para trás, assim como uma cobra que troca de pele quando cresce. Assim, uma nova identidade como um jovem adulto começa a ser formada com base em novas identificações que se desenvolvem ao redor de outros, que não fazem parte da família de origem.

O principal objetivo psicológico da transição da infância para a adolescência e início da idade adulta é a adaptação à comunidade de pares e adultos e ao mundo cultural muito mais amplo em que todos estão inseridos. O adolescente é um exemplo clássico de pessoa limiar – separada do Mundo Mãe, mas ainda não completamente apegada ao Mundo Pai. Tipicamente, o adolescente sente conflito em relação a deixar para trás a infância e o cuidado protetor do Mundo Maternal: há nostalgia pelo antigo, mas também a compreensão de que não se pode voltar para casa – não há retorno nessa estrada. E há uma resistência compreensível em entrar no Mundo Paternal, onde o trabalho, a labuta, o desempenho, o julgamento e a hierarquia das autoridades dominam, um mundo muito diferente da nutrição e proteção garantidas pelo Mundo Materno.

No Mundo Pai, as pessoas são classificadas com base no seu desempenho, recompensadas pelo trabalho árduo e por suas conquistas, mas também punidas se não trabalharem duro ou ignorarem as instruções dos superiores, ou ainda se se afastarem das tarefas em mãos. A recompensa e a punição com base no desempenho e trabalho pertencem ao Mundo Pai. Conforme as pessoas passam por esse estágio de individuação, elas fazem escolhas e decisões que indicam o tipo de pessoa que serão. Essas escolhas, conscientes ou inconscientes, dão forma e formato específicos à sua vida. A decisão de se casar ou não, ter filhos ou não, escolher que tipo de carreira seguir ou que tipo de trabalho estabelecer, que tipo de educação seguir – todas essas importantes escolhas de vida ocorrem durante esta fase e dão à pessoa uma identidade social particular e distinta, ou seja, uma *persona*.

Algumas pessoas resistem em tomar essas decisões ou podem tomá-las de coração, mas muitas vezes ficam presas ao desejo de voltar ao paraíso da infância. Essas pessoas não querem "crescer". Peter Pan é o representante clássico dessa problemática. Podem experimentar drogas porque essas substâncias proporcionam uma sensação de retorno ao paraíso. Podem resistir em escolher um parceiro de vida, em encontrar uma carreira ou emprego adequado e trabalhar em um nível muito abaixo do seu potencial. Essa resistência à participação plena e ativa no Mundo Pai é baseada tanto em um complexo paterno negativo quanto em um desejo geral de permanecer na infância e no paraíso. Quando consideram as exigências escolares e as altas expectativas do mundo adulto, tudo isso parece esmagador para eles. Sentem-se fracos, incapazes e com medo e, portanto, se isolam em seus quartos e passam horas jogando videogames ou fazendo outras atividades, às vezes pensando: "Eu não quero ir para a escola – eu não quero sair de casa".

Tive um paciente há alguns anos que procurou meu auxílio quando estava na casa dos 20 anos. Ele não havia concluído o mestrado e seus pais financiavam sua vida. Esse jovem acabara de deixar um emprego que havia mantido por algum tempo. Ele fazia uso abusivo de drogas, especialmente de maconha. Começava a fumar logo pela manhã e continuava o uso ao longo do dia. Isso o impedia de encontrar motivação para buscar um maior nível de independência pessoal. A primeira tarefa que sugeri a ele, de maneira sutil, foi parar de fumar maconha para que pudesse se manter alerta durante o dia. A segunda tarefa foi voltar à universidade e concluir seus estudos. A terceira tarefa foi levar mais a sério sua companheira, já que ele tinha um namoro estável. Eu disse a ele que essas tarefas levariam alguns anos para serem cumpridas completamente, mas ainda assim sugeri que começássemos.

Ele era cooperativo e compreendia o motivo dessa programação, além de ser aberto e inteligente, o que contribuiu para que a terapia funcionasse bem. Ele precisava de direcionamento e orientação, condições que seu pai nunca havia fornecido, já que estava sempre muito ocupado com sua própria vida e carreira para poder se preocupar com seu filho errático. Depois de alguns anos de progresso constante ao longo dessa trajetória, ele passou a não se ver mais financeiramente dependente dos pais. Esse paciente conseguiu concluir os estudos, obteve o título de mestre, se casou e teve dois filhos. Na superfície, parecia que havia avançado tremendamente no percurso da individuação, no entanto, este rapaz se via um pouco atrasado por conta dos anos perdidos em seus vícios. Esse jovem adulto conquistou um nível de autonomia e independência em relação à sua família de origem, mas ainda pendia à dependência dos outros, principalmente agora com a nova mudança, de sua esposa. Ele ainda não chegou ao ponto crucial de ter de deixar totalmente o Mundo Mãe para adentrar de cabeça no Mundo Pai, aquele que é referente a qualidades de responsabilidade e maturidade. No entanto, teve um bom começo, e o trabalho ainda está em andamento.

Em termos arquetípicos, o papel do pai é ajudar a criança a deixar o Mundo Mãe e avançar para o próximo estágio de individuação. Tanto meninas quanto meninos precisam experimentar um tipo de sedução no mundo, assim como a primeira sedução em que o bebê se apega a um objeto de amor, uma figura materna. No entanto, agora o jovem precisa encontrar algo no Mundo Pai que lhe traga satisfação e senso de pertencimento. Para as crianças mais sensíveis, essa transição pode exigir cuidado e paciência. Se não for bem-sucedida, isso às vezes é chamado de "falha ao decolar", como um foguete que permanece na plataforma de lançamento. Esse fracasso pode ser um desafio para os psicoterapeutas, que são frequentemente chamados para ajudar a impulsionar a criança em direção ao próximo estágio de desenvolvimento. Além disso, outro obstáculo é a resistência da mãe em se desapegar da criança, consciente ou inconscientemente. Nesse caso, a mãe precisa permitir que a criança siga seu caminho e até mesmo empurrá-la para fora do ninho.

Durante o estágio do Pai, as escolhas se tornam extremamente importantes, pois podem definir a trajetória da vida futura. No entanto, a liberdade para fazer essas escolhas pode variar muito, dependendo de diferentes pressões sociais e culturais. Algumas culturas exigem que as escolhas sejam feitas cedo na vida, e uma vez feitas, podem ser difíceis ou impossíveis de serem alteradas. Em outras culturas, há mais tempo para explorar diferentes opções antes de decidir sobre a direção a ser tomada. Psicólogos muitas vezes aconselham que se dedique mais tempo a essa fase e que não se encerre as possibilidades muito rapidamente, nem se escolha de forma impulsiva. Além disso, as pressões familiares também podem desempenhar um papel significativo, especialmente quando se espera que o indivíduo siga uma determinada carreira ou profissão. Nesses casos, a liberdade de escolha pode ser limitada, e a pessoa pode ter que lutar contra pressões externas para encontrar o que é melhor para si mesmo. Em suma, a liberdade de escolha durante o estágio do Pai pode variar muito, e a capacidade de tomar decisões com sabedoria e autonomia é fundamental para se alcançar uma vida significativa e satisfatória.

Durante o estágio do Pai, a escolha do parceiro de vida é uma questão importante que pode ter um impacto significativo na direção da vida. Nas culturas ocidentais, existe mais abertura para as múltiplas possibilidades de escolha do parceiro de vida, em comparação com o passado, quando as limitações eram baseadas em atribuições das funções tradicionais. No entanto, essa escolha ainda pode ser problemática para muitas pessoas nesta fase da vida, e os jovens são confrontados com perguntas como que tipo de vida amorosa desejam ter e que tipo de parceiro é melhor para eles. Os psicólogos, em geral, recomendam que as pessoas não forcem uma escolha decisiva, mas permitam que ela surja espontaneamente a partir da experiência e do sentimento pessoal. É importante que essa escolha seja baseada no respeito mútuo, na compatibilidade e no compromisso, e que o indivíduo tenha a liberdade de escolher o parceiro que melhor se alinha às suas necessidades e desejos.

Estágio Três: Fase Adulta Madura – A Idade do Indivíduo

Se você chegar ao ponto de dizer: "Não suporto mais viver dessa maneira!" e se sentir preso a padrões habituais, é importante procurar uma mudança. Caso contrário, pode-se acabar estagnado e cínico em relação à vida, e a experiência anímica pode tornar-se amarga, em vez de ajudá-lo a se tornar mais sábio. Nessa fase da vida, a individuação requer que encontremos nosso significado individual, o que pode se manifestar de diversas formas. Começamos a pensar por nós mesmos de maneira diferente e a fazer escolhas baseadas em um senso interno do que é certo para nós. Essas decisões podem não estar de acordo com as expectativas das autoridades ou dos superiores, portanto, precisamos estar dispostos a fazer sacrifícios e mudanças. Em última análise, essa é a fase do crepúsculo do estágio do Pai.

Esse novo padrão de ser é o que Erich Neumann descreveu como *centroversão*, que é uma circumambulação em torno de um centro. Mas como descobrir esse centro? Jung identificou esse centro como o *self*, o princípio central organizador da psique. No entanto, você não pode descobrir o *self* apenas por meio de ruminações e introspecção. Esses métodos podem levá-lo apenas até uma certa margem. Perguntar a si mesmo: "O que estou sentindo? Do que eu gosto? O que eu quero?" pode ser um começo, mas não é suficiente para transcender a consciência egoica. O ego está cercado por uma penumbra de consciência, e você pode expandir sua consciência para dentro dessa penumbra, mas ainda está limitado a um modo limitado de consciência, a menos que comece a procurá-la em outro lugar. Você precisa abrir uma porta ou um armário que ainda não explorou. É aqui que os sonhos e a imaginação ativa se tornam os principais métodos para ir além da consciência do ego e descobrir o *self*.

A centroversão não é uma circumambulação em torno do ego, mas, sim, uma circumambulação em torno de si mesmo. Nesse processo, o ego é deslocado para uma posição secundária dentro da psique, e o centro em torno do qual se circula é o *self*, o princípio central organizador da psique identificado por Jung. Isso significa que a consciência egoica não detém mais autoridade absoluta na tomada de decisões, e as grandes decisões são tomadas levando em conta uma série de outros fatores, incluindo a contribuição do inconsciente. Para obter informações do inconsciente, os junguianos recorrem a métodos como sonhos e imaginação ativa, em vez de confiar apenas na introspecção e na racionalização. Portanto, a consulta ao *self* torna-se essencial para tomar decisões importantes.

Uma pessoa que recebe direcionamento por meio de um *locus* de controle interno se torna mais criativa e pode contribuir com algo novo e diferente para o mundo. Isso não é possível se a pessoa permanecer no estágio paterno, sempre imitando alguém ou procurando uma autoridade externa para instrução, direção ou confirmação. Nesse estágio posterior da individuação, olha-se para o inconsciente e não para o mundo exterior para obter inspiração e orientação. Alguém procura um professor interior, uma figura interna de autoridade em vez de uma exteriorizada. Em vez de perguntar o que o pai quer, o que o professor quer, o que o chefe quer, começa-se a perguntar o que é que o *self* quer de mim? Como posso servir o si-mesmo? Como posso trazer o espírito da totalidade para a minha vida e para o mundo ao meu redor?

Encontrar a direção interior ou o diretor interno não é uma tarefa fácil e requer paciência. O inconsciente não oferece instruções simples. A psicanálise pode ser útil para promover essa grande mudança em direção ao autoconhecimento. Ao se voltar para os sonhos, praticar a imaginação ativa e confrontar partes difíceis de si mesmo, como os aspectos sombrios, é possível mudar gradualmente o foco para um mundo mais interno e autodirigido. Isso cria uma separação e uma transição do Mundo Pai, da autoridade externa, para o mundo do indivíduo, ou o mundo autodirigido. Dessa forma, é possível alcançar uma fase adulta mais madura, interiormente dirigida e criativa, que oferece uma qualidade de liderança que não era possível no estágio anterior.

Em cada uma das etapas do processo de individuação, a pessoa desenvolve uma *persona* significativamente própria. Na velhice, quando alguém deixa de lado o *status* e as responsabilidades em relação ao mundo, a questão central da vida passa a ser: "Quem sou eu? Que tipo de *persona* posso encontrar nesta fase da vida?". Algumas culturas apresentam uma tradição do velho sábio ou da velha sábia, alguém que não é mais ativo na vida e ainda assim incorpora uma qualidade preciosa que faz que as pessoas os procurem em busca de orientação. O sábio chinês Lao-Tzu, por exemplo, é retratado em imagens e pinturas como uma personalidade anciã, livre e criativa – um idoso cujo sorriso simboliza a transcendência das preocupações cotidianas da vida mundana.

Conclusão

Em resumo, o processo de individuação consiste em dois grandes movimentos: separação e união, ou síntese, *separatio* e *coagulatio*, para usar a linguagem alquímica. No primeiro movimento, a pessoa se separa psicologicamente da identificação com a mãe e o pai, família de origem e, posteriormente, com o grupo de pares, a fim de desenvolver um senso individual de si mesmo, de consciência do ego e de uma *persona* apropriada. Em um nível mais profundo, o ego gradualmente se separa do inconsciente e de um tipo de vida fantasiosa que é característica da infância. O indivíduo torna-se mais realista, orientado a objetos e adaptado à realidade externa.

Na segunda metade da vida, a pessoa se assume e inclui em sua identidade consciente algumas das outras expressões e energias que foram deixadas para trás no inconsciente. Assim, a identidade se modifica e se torna mais complexa.

Se você se encontrava identificado com o lado masculino da sizígia, percebe que possui um feminino interior, o que Jung denominou de *anima*. Ou se você se encontrava identificado com o lado feminino, descobre que tem um masculino interno (*animus*). Você não é apenas masculino ou feminino – você carrega múltiplos aspectos dentro de si. Sintetizar os opostos cria um novo senso de *self* e uma nova identidade composta por partes díspares do eu, conscientes e inconscientes.

A soldagem do consciente e inconsciente forja um indivíduo que não se baseia apenas em uma identidade egoica, mas também em energias e fontes inconscientes. O que foi dividido se torna um, assim como um número primo, que não pode ser dividido por nenhum outro número. O objetivo de se tornar uma personalidade totalmente realizada e individualizada é ser indivisível – individuação significa indivisível. A reconciliação do consciente com o inconsciente na segunda metade da vida é o que Jung chamou, em seu último livro, de "uma conjunção misteriosa" (*mysterium conjunctionis*). Essa é a união dos opostos.

PILAR DOIS
A Relação Analítica

O segundo pilar, dos quatros constituintes da psicanálise junguiana é o que trata sobre a relação analítica. O modo como os psicanalistas junguianos compreendem e trabalham com a complexidade é uma característica central de sua abordagem à prática clínica. Essa relação é como um espaço sagrado, um *temenos* – no qual a análise ocorre.

Os pesquisadores perguntaram aos psicoterapeutas sobre todas as inúmeras escolas de psicologia existentes hoje e qual consideram como fator mais importante para um resultado bem-sucedido no tratamento psicoterápico. A resposta oferecida quase sempre se referia à relação entre terapeuta e paciente. É essa relação que constitui a principal diferença. A qualidade do relacionamento terapêutico, em vez da persuasão teórica do terapeuta, provou ser o fator determinante dos resultados. Os psicanalistas junguianos acrescentariam que é o relacionamento, com a adição da cooperação do inconsciente e do *self* dentro do processo, que pauta a diferença crítica entre sucesso e fracasso na análise.

A relação entre analista e analisando é o receptáculo que abriga o processo terapêutico e torna possível a mudança psicológica e o desenvolvimento. A imagem alquímica do *vas bene clausam* ("o receptáculo bem selado") retrata esse contêiner. É muito mais do que apenas um alambique feito de vidro. Em vez disso, como disse a alquimista arquetípica Maria Profetisa, *"Unum est vas"* ("o vaso é um"), significando que "O segredo todo trata de se entender sobre o vaso hermético".[1] Caso alguém compreenda este mistério, a transformação alquímica do básico ao nobre é possível. Sem isso, nenhuma transformação acontecerá. O alquimista teve que adquirir o recipiente certo para empreender o trabalho. Na análise, a relação entre analista e paciente é este vaso hermético, e há algo de sério e mágico sobre ele. Ele tem poder.

Os relacionamentos desempenham um papel crucial no desenvolvimento psicológico desde o nascimento até o fim da vida. Vários estudos têm demonstrado que o crescimento cognitivo e emocional na maturidade psicológica depende essencialmente de bons relacionamentos. Na ausência de tais relacionamentos, o desenvolvimento é atrasado, atrofiado ou pode levar a psicopatologias. Na análise, esse ingrediente essencial para o crescimento é fornecido pela relação

---

[1] C. G. Jung, *Psychology and Alchemy*, par. 338.

terapêutica. A complexidade dessa relação tem sido objeto de estudo dos psicanalistas desde Freud. Em seu livro *O Encontro Analítico*, Mario Jacoby escreve sobre as complexidades do relacionamento e destaca a posição paradoxal do analista: simultaneamente próximo e afastado do paciente. A proximidade surge da intensa interação no encontro entre as duas pessoas na sala de análise, enquanto a distância resulta do pensamento clínico que o analista está processando. O terapeuta deve reservar uma parte da mente para considerar o material do caso a partir de uma perspectiva teórica e clínica. Essa posição também foi descrita como "um pé dentro e um pé fora" do processo terapêutico. Embora possa parecer estranha às vezes, é necessária para o bem-estar do paciente. O analista está simultaneamente dentro e fora do processo alquímico, remexendo-o de ambos os lados. Isso é uma responsabilidade profissional.

Quando as pessoas decidem procurar um psicoterapeuta, em geral, têm uma forte sensação de que precisam de alguém para ajudá-las a lidar com um problema psicológico imediato que as desespera. Não são mais capazes de enfrentá-lo sozinhas. Neste momento, na ausência de uma crise aguda, é interessante visitar alguns psicoterapeutas diferentes caso seja possível. Vá até o consultório deles, tenha uma sessão e depois se pergunte: "Qual foi a sensação que tive entre nós dois? Este parece ser um bom arranjo?". O arranjo não precisa ser perfeito, mas há de ser bom o suficiente. Tem que ter aquele "clique", uma conexão, e um instinto de confiança e convicção que o terapeuta é capaz de compreendê-lo. Muito provavelmente, essa primeira impressão será baseada em uma projeção que ressoa com um relacionamento passado – com a mãe, o pai, o avô, o tio etc.

Nas primeiras sessões, os psicoterapeutas junguianos também se questionam se conseguem trabalhar com a pessoa. A análise é uma experiência pessoal e individual, e os analistas têm suas próprias limitações que precisam ser conscientes. Talvez o analista não seja capaz de entender ou ter empatia com o problema apresentado pelo paciente, ou não consiga encontrar uma maneira de adentrar em sua constituição ou estrutura psíquica por serem pessoas muito diferentes. Além disso, o paciente pode apresentar um problema que toca os complexos pessoais do analista de forma muito profunda e dolorosa. Nesses casos, o analista seria prudente em encaminhar a pessoa para outro profissional mais apropriado.

Certamente é esperado que os analistas possuam uma vasta compreensão das relações terapêuticas e analíticas com base em seu treinamento, estudo e experiência. Esses profissionais estão preparados para entender que essa relação pode se tornar emocionalmente intensa e psicologicamente complexa. Dentro da profissão, essa complexidade é referida como transferência/contratransferência. Esse termo, dividido em duas partes, se refere aos níveis psicológicos que se desenvolvem dentro da relação analítica. A referência é para as dinâmicas conscientes e inconscientes que despertam fortes correntes emocionais dentro do campo interativo. O diagrama abaixo sugere tais complexidades dentro da relação.

Freud e a origem da "transferência"

A palavra "transferência" foi utilizada por Freud pela primeira vez para se referir à atitude psicológica que seus pacientes desenvolviam em relação a ele, em seu papel como psicanalista. O termo alemão usado por Sigmund, "Übertragung", deriva de um verbo que significa literalmente "passar para, transferir" algo de um lugar ou tempo para outro. Freud interpretou as fortes reações emocionais de seus pacientes como uma transferência de sentimentos desde a infância, quando a criança via o pai como magicamente poderoso, seja para o bem ou para o mal, e a partir daí um tipo de dependência infantil se desenvolvia. Freud observou que tal apego infantil à sua própria figura ganhava cada vez mais força à medida que os pacientes regrediam na análise para estágios anteriores do desenvolvimento psicológico, retomando até mesmo ao estágio infantil de total dependência do cuidador. Nesta etapa, a figura do analista tornava-se um objeto de medo e desejo por parte dos pacientes, e este se sentia absolutamente vulnerável à vontade do analista. Isso disponibilizava ao médico um imenso domínio emocional. A transferência era como uma varinha mágica que permitia ao analista curar ou esmagar a frágil psique de seu paciente, que permanecia trêmula em suas mãos.

Um estado de espírito como esse foi observado pelos primeiros psicanalistas como semelhante ao que ocorre com pacientes sob o efeito da hipnose. O hipnotizador assume um grau notável de poder sugestivo sobre o hipnotizado, ao ponto de tal poder ganhar proporções quase mágicas. Freud estudou hipnose e observou seus poderosos efeitos na clínica parisiana de Janet, tendo começado a utilizar a hipnose para o tratamento da histeria nesta época. Sob o efeito hipnótico, o paciente receberia sugestões de mudanças em sua forma habitual de pensar e se comportar, tendo isso um efeito benéfico, ao menos durante um breve período de tempo.

O uso da hipnose como método de tratamento médico e psicológico foi desenvolvido no final dos séculos XVIII e XIX, tendo sido iniciado por Franz Anton Mesmer e sua teoria do "magnetismo animal".[2] James Braid aplicou-o para reduzir determinadas funções fisiológicas, Hyppolyte Bernheim tomou esse conceito e o aplicou psicologicamente, descrevendo-o como "sugestionabilidade" alcançada sob hipnose, e Jean-Martin Charcot e Pierre Janet o transformaram em psiquiatria. Freud estudou brevemente com Janet em Paris, e ambos consideravam o hipnotismo como um procedimento para entrar em contato com o inconsciente e se apoderar de seus poderes extraordinários. Sob hipnose, os pacientes revelavam memórias e pensamentos que não eram acessíveis durante o estado de vigília. A gestão hipnótica também parecia ser bastante bem-sucedida no tratamento de certas doenças mentais. Por exemplo, se alguém sofresse um trauma e tivesse *flashbacks*, um comando poderia ser dado sob hipnose: "Não pense mais nesse trauma. Basta colocá-lo em uma caixa preta, fechar a caixa e enterrá-la". Isso cancelaria os *flashbacks* e o paciente se sentiria aliviado. Funcionava como mágica. Os sintomas poderiam simplesmente ser descartados e, aparentemente, desapareciam.

No entanto, Freud mais tarde descobriu que a cura não persistia por muito tempo, e então decidiu abandonar o uso da hipnose dentro da psicanálise. Em vez disso, o médico austríaco fez que seus pacientes simplesmente falassem livremente enquanto deitavam em um divã, e o próprio Freud

---

[2] Para uma discussão completa, ver *The Discovery of the Unconscious* de H. Ellenberger.

permanecia silenciosamente atrás e longe da vista de seus pacientes. Quando isso era feito, Freud descobriu que os pacientes entravam em um estado quase hipnótico, desenvolvendo uma poderosa relação fantasmática com ele. As jovens mulheres que eram tratadas por ele em Viena na década de 1890 regrediam a um estado infantil, e nesse estado elas pensariam e sentiriam conteúdos sobre o analista invisível que estava sentado silenciosamente por detrás delas, como uma poderosa figura paterna. Isso é o que Freud chamou de "transferência", um deslocamento de sentimentos do passado para uma situação presente. Dessa forma, o presente se torna o passado e o passado se torna o presente. A temporalidade entra em colapso. O estado mental induzido na transferência se assemelhava a um transe hipnótico, mas não tão dissociado da consciência normal do ego, uma vez que o paciente estava totalmente desperto.

Nos primeiros dias do tratamento psicanalítico, Freud e seu colega Josef Breuer notaram que seus pacientes desenvolviam sentimentos eróticos intensos por eles. Este fato sugeriu imediatamente um paralelo com o incesto pai-filha. Freud inicialmente interpretou isso como evidência de uma relação incestuosa real na infância do paciente. Posteriormente, modificou sua visão, considerando isso uma fantasia e desejo sexual da infância, não um evento concreto. A transferência era uma repetição do desejo erótico que a menina havia sentido pelo seu pai. Freud concluiu que as crianças possuem fantasias e desejos sexuais. Mesmo que não se envolvam em atos explicitamente sexuais, elas possuem desejos e fantasias dessa natureza, que são posteriormente transferidos para a relação com o analista. A intensidade dessa afetação sexual em uma das pacientes jovens de Josef Breuer foi tão grande que ele respondeu fortemente a essa emoção em sua contratransferência, optando por abandonar sua carreira como psicanalista, pois essa ameaçava seu casamento.

No *setting* psicanalítico, a orientação básica é expressar o que vem à mente, sem resistir ou bloquear, apenas trazer à tona e verbalizar. Os pacientes de Freud provavelmente sentiram um grande alívio ao poder expressar seus sentimentos abertamente, com a figura paterna posicionada atrás deles. Uma das pacientes de Josef Breuer, Anna O, denominou o tratamento psicanalítico como "cura pela fala". Ela se sentiu curada após verbalizar seus sentimentos reprimidos e ocultos.

Jung e transferência

Jung estudou as obras de Freud durante seus primeiros anos de formação como psiquiatra no Hospital Burghölzli para Doenças Mentais, uma instituição da Universidade de Zurique, e em 1907, foi visitá-lo em Viena. Os dois médicos passaram vários dias em discussões longas e intensas. Jung, então um jovem e promissor psiquiatra de 32 anos, admirava Freud e seu gênio. Quando se conheceram, Jung já havia começado a usar o método freudiano de psicanálise com alguns de seus pacientes na Burghölzli Klinik. A primeira paciente de Jung a ser submetida à psicanálise foi Sabina Spielrein, uma jovem russa de origem judia que tinha 18 anos de idade. Sabina foi levada à Burghölzli Klinik para tratar o que Jung diagnosticou como "histeria psicótica". Jung considerou que a paciente era um caso adequado para a psicanálise e, ao começar a usar o método de Freud, logo descobriu o poder impressionante da transferência. Spielrein teve exatamente a mesma reação a ele que Freud havia descrito anteriormente em seus livros.

Quando Jung encontrou Freud pela primeira vez, em um momento da conversa, Freud indagou: "E o que você acha da transferência?". A resposta imediata de Jung foi: "A transferência é tudo!" Freud disse: "Ah, então você entendeu". Freud ficou satisfeito com essa resposta de Jung. E sobre a transferência enquanto chave para o tratamento e cura, eles pareciam estar falando sobre a mesma coisa. Como resultado dessas discussões no consultório de Freud em Viena, eles formaram uma estreita relação profissional e colegial. Nesse relacionamento, Jung também descobriu que tinha sentimentos profundos e irracionais por Freud. Isso também era uma forma de transferência, nesse caso, de homem para homem. Em um determinado momento, Jung confessou em uma carta a Freud que tinha uma espécie de "paixão religiosa" por ele, que denotava aspectos homossexuais. Tal percepção o assustou devido a um incidente de abuso sexual na infância por parte de um homem mais velho que ele admirava.

Freud não era exatamente o analista de Jung. Ele não se deitou no divã de Freud e não passou formalmente por uma análise, mas, ainda assim, enviava a Freud alguns de seus sonhos em cartas e recebia interpretações pelo correio. Uma relação afetiva próxima e altamente carregada começou a se desenvolver rapidamente. Nela, Jung assumiu a projeção de filho e herdeiro preferido, enquanto Freud assumiu a posição de um pai-professor-mentor mais velho e idealizado. Isso era bastante compreensível, já que Freud era cerca de vinte anos mais velho que Jung e uma grande figura paterna dentro de sua própria família e círculo de seguidores. A projeção de Jung refletia mais o tipo de amor que um jovem sente quando se encanta por um professor admirado. Mas, como Jung logo percebeu, havia algo além disso. Para ele, Freud era uma figura numinosa, quase divina, daí o termo "paixão religiosa".

Mais tarde na vida, Jung descreveria esse tipo de projeção como uma "transferência arquetípica". Trata-se de uma projeção de uma imagem arquetípica que vai muito além da experiência pessoal com um pai real. Na verdade, o pai de Jung não era uma figura particularmente forte aos seus olhos. Seus avôs, Samuel Preiswerk e C. G. Jung, o ilustre pai de Paul Jung, cuja linhagem foi rastreada na família até o poeta Wolfgang Goethe, eram os que realmente o fascinavam. Na Basileia, onde Jung também cresceu, havia homens famosos como Bachofen, Burkhardt e Nietzsche que o impressionaram quando jovem e ocuparam uma posição proeminente em sua psique. Jung sabia reconhecer um gênio quando se deparava com um, e em Freud, foi exatamente isso que ele viu.

Por várias razões, a relação de transferência na qual se desenvolvem fortes reações emocionais – seja de amor ou admiração, ódio ou rivalidade – tornou-se um foco particular de estudo no campo emergente da psicanálise. Em uma carta a Freud, Jung descreveu a psicanálise como "um método muito perigoso" devido às emoções que desperta. Inicialmente, acreditava-se que toda essa emocionalidade vinha do lado do paciente, como uma repetição de desejos e fantasias da infância. Mais tarde, os fundadores perceberam que a transferência não é tão unilateral, mas também tem um efeito poderoso no analista. Daí o termo contratransferência: as emoções do analista são uma reação, uma resposta "contra" a transferência do paciente. Eles começaram a olhar mais cuidadosamente para a perspectiva do analista dentro do par terapêutico. Não é apenas o fato de que o paciente é pego neste poderoso campo afetivo, mas que o médico também é afetado por isso. Duas pessoas estão nesse relacionamento e compartilham um clima comum, assim como um espaço afetivo. É como um banho no qual ambos estão imersos. As duas figuras estão na água, e este é o meio pelo qual a análise é conduzida. A natureza do ambiente emocional entre eles afeta todas as transações que ocorrem nesse espaço. Quando a transferência se desenvolve nesta relação, a contratransferência também se expande, e o clima afetivo se torna intensamente energizado.

Jung era um homem extremamente sensível e intuitivo, capaz de captar facilmente o que estava no ambiente. Quando uma transferência se desenvolvia, ele percebia que as emoções irracionais se tornavam cada vez mais proeminentes na relação médico-paciente. O psiquiatra suíço também notou que não eram apenas as emoções do paciente que estavam em ebulição. Seus próprios sentimentos estavam envolvidos nessa correspondência. Considerando essa dinâmica, Jung começou a falar sobre a contribuição do analista para esse cenário. A emoção não vinha apenas do paciente, mas também do analista. Com sua primeira paciente psicanalítica, Sabina Spielrein, Jung sentiu que estava sendo atraído para um forte vínculo afetivo, enquanto uma espécie de amizade erótica florescia. Ele discutiu esse caso em sua correspondência com Freud e confessou que havia aprendido algo importante sobre seus até então dormentes "componentes poligâmicos, apesar de toda a autoanálise".[3] Em seus diálogos, Freud deu o nome a esse fenômeno de contratransferência e admitiu que também havia passado por tais experiências em sua prática psicanalítica.[4]

A experiência de Jung com Spielrein foi tão intensa que ele percebeu o quão perigoso isso poderia ser para ele como profissional médico e homem casado. Isso o levou a uma relação que poderia sair do controle. Por causa desse perigo,

---

[3] W. McGuire (org.). *The Jung-Freud Letters*, p. 207.
[4] *Ibid.*, p. 231.

tornou-se, em geral, recomendado que parte do treinamento de analistas inclua a própria análise pessoal. É fundamental que os psicanalistas entendam e experimentem tudo que pode surgir nesse tipo de relação profissional. Tanto Jung quanto Freud estavam cientes de que a contratransferência tem raízes no inconsciente do analista. Essa não é uma resposta superficial e passageira; ela surge de uma parte profunda da psique e pode ser muito valiosa se usada corretamente. Os analistas precisam entender de onde essa reação surge dentro deles para que possam implementar medidas preventivas no que foi expresso como o "método de tratamento psicológico mais perigoso" e para aprender a usá-lo com o benefício do paciente em mente.

Esse tipo de complexidade relacional entre médico e paciente, como previsto na psicanálise, era completamente diferente de outras especialidades médicas onde o médico tratava o paciente mantendo uma distância apolínea e se abstendo de se envolver emocionalmente o máximo possível. Na especialidade psiquiátrica, como também era praticada no contexto do tratamento médico hospitalar, os médicos mantinham uma perspectiva clinicamente distante em seu trabalho com os doentes mentais. Os psicanalistas, por outro lado, tornaram-se especialistas em relações e como essas dinâmicas facilitam ou dificultam a saúde mental. O reconhecimento de que a relação analítica está enraizada nas projeções do paciente para o analista e do analista para o paciente abriu o campo para uma compreensão muito mais ampla e profunda do que existia. Agora era possível pensar na variedade de conteúdos do inconsciente que poderiam ser projetados na relação.

No entanto, essa expansão sobre o que é possível em uma relação psicoterapêutica não foi bem recebida por Freud, pois novas ideias abriram a porta para características que não seriam incestuosas ou sexuais e, portanto, não estavam em consonância com a triangulação edípica. Freud tinha um foco bastante restrito em um tipo específico de projeção, enquanto Jung sugeriu que uma pessoa poderia projetar qualquer coisa que fosse inconsciente e que se prendesse ao "anzol" lançado pelo outro.

Recentemente, alguns psicanalistas junguianos passaram a falar sobre transferência mútua em vez de usar o termo contratransferência. A ideia é que tanto o analista quanto o paciente estão projetando livremente um no outro. O termo contratransferência pressupõe que o analista está respondendo à transferência do paciente (que tem prioridade). Mas e se a projeção simplesmente ocorrer por parte do analista devido à aparência do paciente ou à maneira como ele age ou se comporta? E se não for em resposta à transferência, mas simplesmente emergir do inconsciente do analista em resposta a um "gancho" que o paciente oferece e provavelmente desconhece? O analista seria treinado para observar tudo isso com cuidado e supostamente se tornaria rapidamente consciente da projeção, sendo capaz de contê-la e não permitir que contaminasse as interações com o paciente.

Talvez na primeira sessão, ou até mesmo em uma ligação inicial, alguns sentimentos possam surgir em relação a um potencial paciente. É essencial observar essas reações iniciais que aparecem antes que haja uma experiência de transferência vinda do paciente.

Cerca de vinte e cinco anos após essas primeiras discussões com Freud, Jung foi convidado a dar uma série de palestras na Clínica Tavistock, em Londres. O psiquiatra suíço começou descrevendo os sonhos de um paciente, mas o público o pressionou a abordar também a questão da transferência. Então, Jung adaptou sua programação e ofereceu uma palestra entusiasmada e envolvente baseada em algumas notas que havia rabiscado em um envelope em seu quarto de hotel na noite anterior. Jung iniciou a palestra afirmando que sempre fica feliz quando não há transferência. Este foi um comentário um tanto provocativo para o público de psicanalistas, principalmente para os freudianos, para quem a transferência é fundamental. Mas Jung descobriu durante seu trabalho com muitos pacientes que a transferência e a contratransferência poderiam dificultar e atrapalhar, ou até mesmo se tornar um obstáculo, para uma análise profunda do inconsciente. Jung preferiu trabalhar com sonhos e com a imaginação ativa em sessões que eram relativamente livres de transferência. Mas seria isso realmente possível? Ele sabia muito bem que não, e passou a comentar extensivamente sobre esse tópico.

Inicialmente, a ideia era que uma pessoa, o paciente, trazia toda a intensidade emocional e transferência para as sessões. Mais tarde, reconheceu-se que havia duas pessoas envolvidas nessa dinâmica e que as projeções de transferência eram contribuições de ambas. Em seu ensaio sobre "A Psicologia da Transferência", Jung apresentou um diagrama do campo interativo. O diagrama abaixo ilustra a complexidade do campo como se apresenta entre o analista A e o paciente P, onde A' e P' indicam o inconsciente de cada um:

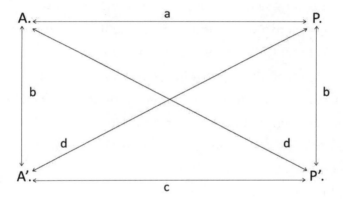

As setas indicam os vetores do campo relacional da seguinte maneira:

a) o vértice do diálogo consciente entre analista e paciente;
b) o vértice da dinâmica interna entre analista e o paciente;
c) o vértice da interação inconsciente entre analista e paciente;

d) o vértice das projeções de transferência/contratransferência mútuas.

Portanto, o campo da psicanálise evoluiu para uma visão de uma troca entre duas pessoas que se encontram em um espaço relacional altamente interativo.

A parte mais intrigante da relação é o nível "c". No nível "c", há um encontro entre as duas psiques, que será crucialmente transformador tanto para o analista quanto para o paciente. É um tipo de relação fusional em que as duas psiques se encontram e se tornam uma. Elas formam um novo senso de si, que é mutuamente acessível. A relação no nível "c" é poderosa e duradoura. Tem o que Jung descreveu como produzindo uma *libido de parentesco*, a sensação de estar profundamente relacionado de uma maneira quase biológica. Isso cria um vínculo duradouro entre o analista e o paciente que estão envolvidos em um empreendimento mútuo de transformação.

Em um ensaio denominado "Problemas da Psicoterapia Moderna", Jung delineou as quatro fases da análise. A primeira fase é a confissão, na qual o analista está posicionado para simplesmente acolher e aceitar uma confissão, segredos ou aspectos sombrios que o paciente revela. Na segunda fase, a elucidação, o analista assume um papel mais ativo, fornecendo explicações para os sentimentos do paciente, conflitos entre o consciente e o inconsciente, ou desacordos entre o paciente e seu ambiente. Essa é uma fase de esclarecimentos psicológicos. A terceira fase, denominada educação, envolve o analista auxiliando os pacientes a compreenderem melhor a si mesmos e suas relações com o mundo exterior. Jung dedica a maior parte do ensaio à discussão da quarta fase, a transformação. Essa é a fase em que a relação de transferência e contratransferência ganha importância crucial. O analista se envolve na relação de maneira mais profunda do que nas três fases anteriores. Tanto o analista quanto o paciente participam da transformação que ocorre na quarta fase. É sobre este processo que Jung discorre mais profundamente em "A Psicologia da Transferência", artigo no qual detalha o processo dessa junção entre psiques.

Jung sustentaria que o diálogo é preferível à interpretação unilateral para promover a mudança. No entanto, pode levar um tempo considerável para chegar a um ponto em que o diálogo mútuo seja possível. Se a dinâmica de transferência e contratransferência for intensa, pode levar bastante tempo para resolver essas questões de forma satisfatória, a fim de estabelecer uma troca aberta e permitir que a verdadeira natureza do "diálogo" se manifeste. É necessária uma mudança dinâmica na transferência/contratransferência para alcançar a mutualidade da comunicação. Isso é um sinal de desenvolvimento e maturidade dentro da relação, quando essa possibilidade se torna realidade. Essa forma de intercâmbio é a preferida por Jung, como ele expressou abertamente ao afirmar que se sentia contente quando não havia transferência presente.

Algumas considerações práticas

A transferência pode ser intratável, uma vez que a psique é capaz de distorções extraordinárias e muitas vezes supera os testes da realidade em favor da projeção. É comum ocorrer a projeção de uma imagem materna em um analista homem. O mesmo se aplica à questão da idade. Quando eu era um jovem analista, às vezes recebia projeções de ser um velho sábio. O inconsciente busca e precisa projetar no analista aquilo que anseia. Se o inconsciente está em busca de uma figura materna, seja ela amorosa ou negativa, é isso que será projetado no analista, independentemente de seu sexo ou idade. Da mesma forma, se o inconsciente busca um sábio idoso, isso será projetado, mesmo que a idade do analista não corresponda. Quando uma transferência intensa é ativada, o analista precisa decidir se tentará reduzir sua intensidade ou até mesmo removê-la por meio da interpretação, ou se *a carregará* temporariamente, porque é o que o paciente necessita até aquele momento. Alguns analistas preferem interpretar de maneira vigorosa a transferência, reconhecendo que isso pode trazer consciência para a relação e levá-la em direção à possibilidade de diálogo. Outros preferem permitir que a transferência continue, em respeito ao que o inconsciente precisa nessa encruzilhada em que se encontra.

Se um analista traz seu próprio complexo para o ambiente terapêutico e isso começa a afetar o relacionamento, é recomendável que ele leve o caso para supervisão. Os analistas devem trabalhar em si mesmos para garantir que não distorçam o processo com suas próprias necessidades e projeções neuróticas ou inconscientes. Eles também são treinados para utilizar suas reações de contratransferência como uma forma de se tornarem mais empáticos em relação ao paciente e compreender melhor sua perspectiva. A comunicação psíquica, tanto consciente quanto inconsciente, é extremamente importante no processo analítico. Se houver pouca transferência ou projeção de contratransferência na relação, a análise permanecerá predominantemente no nível racional.

É de vital importância reconhecer que os conteúdos inconscientes projetados na contratransferência podem despertar traumas no paciente. No início deste capítulo, discuti a importância de um ajuste adequado entre o analista e o paciente. Às vezes, acontece de o analista não ser um parceiro adequado, um arranjo apropriado, e pode não ser o melhor profissional para aquele paciente. Os problemas passados de um analista podem ser acionados por um paciente em particular, o que certamente não é útil ou terapêutico. Nesse caso, é necessário tomar uma decisão para avaliar se é melhor encerrar a análise. Às vezes, o paciente precisa decidir: "Esta terapia não é útil para mim – está sendo realmente prejudicial". Se essa for a experiência (e o paciente deve confiar em sua própria experiência), ele ou ela terá que encerrar o processo com aquele analista em particular. A questão é: quando é o momento certo para interromper a análise? Às vezes, há períodos muito difíceis em que o relacionamento é altamente conflituoso, mas isso pode ser uma etapa necessária no processo. Como então avaliar isso? Quando é o momento certo para parar? Eu acredito que seja quando alguém sai da sessão sentindo que a experiência tem sido verdadeiramente dolorosa ou tóxica, especialmente se isso se repete com frequência.

A questão de quanto tempo a terapia deve durar e quando encerrá-la é uma questão complexa.[5] Existem diferentes abordagens para tomar essa decisão. A regra geral que a maioria dos analistas junguianos segue, como meu professor Joseph Wheelwright me disse uma vez, é simplesmente: "Eu sempre deixo o paciente me demitir. Eu não demito o paciente". Se um paciente está se beneficiando das sessões, sentindo que está se tornando mais consciente, experimentando um crescimento psicológico ou espiritual, e deseja continuar – e se o analista estiver com boa saúde, sem planos de aposentadoria ou mudanças iminentes – então a relação terapêutica pode continuar por tempo indeterminado. Já trabalhei com pacientes por cerca de trinta anos, o que foi o tempo mais longo até agora. Uma análise junguiana típica costuma durar entre dois e cinco anos. Durante esse período, haverá mudanças na qualidade e

---

[5] Para uma discussão completa sobre esse tópico, ler H. Abramovitch, *When Is It Time to Stop? When Good Enough becomes Bad Enough.*

intensidade do relacionamento. Começando com uma forte transferência, que com o passar do tempo diminui e se transforma em diálogo. Novas energias podem surgir, como um novo projeto ou um sentimento emergente, e ao longo do tempo, o relacionamento se desenvolve e amadurece. Não permanece estático.

Uma estudante compartilhou comigo uma experiência em que, ao final de um período de três anos de análise, sentiu incerteza em relação a ela e ao seu analista, e teve dúvidas sobre concluir ou não o processo. Na noite anterior a uma sessão, ela teve um sonho revelador: "Ao entrar no espaço analítico, tudo estava como de costume, exceto pelo fato de que minha cadeira havia sido removida e, em seu lugar, havia uma mochila cuidadosamente arrumada no chão, pronta para uma viagem. Olhei para o analista, que estava de pé. Ele indicou que eu me sentasse em sua cadeira, a única na sala". O fim do sonho deixou claro para ambos que a paciente estava pronta para se tornar sua própria analista e continuar o processo de integração em sua "jornada da vida". Às vezes, os sonhos fornecem indicações nítidas. Quando a relação analítica está prestes a ser concluída, o analista desejará ter confiança de que a pessoa pode prosseguir com o processo de individuação por conta própria. Ao prestar atenção em conteúdos como sonhos e praticar a imaginação ativa, bem como manter relacionamentos significativos e profundos com amigos ou parceiros, a individuação pode continuar de maneira sustentável.

Tipos de transferência

A transferência é uma forma de projeção e existem várias categorias diferentes de projeção que desempenham papéis específicos na configuração transferencial. Discutirei três categorias, começando pela projeção denominada por Jung como "participação mística". Essa forma de projeção envolve uma identificação inconsciente entre sujeito e objeto, uma fusão geminal entre as duas psiques. Na consciência, não há mais distinção entre as duas personalidades. Quando isso ocorre na transferência, o paciente sente que o analista é exatamente como eles, como se fossem gêmeos idênticos. Nessa transferência geminal, o paciente pode ficar perturbado se o analista disser ou fizer algo que seja diferente do que eles estavam pensando ou sentindo. Qualquer diferença nessa similitude pode ser bastante chocante para o paciente.

O segundo tipo de transferência é descrito por Jung como uma projeção de imagens arquetípicas na figura do analista. Quando elementos arquetípicos são projetados em outra pessoa, ela assume uma importância desmedida e se torna algo além da humanidade, semelhante a celebridades e figuras famosas frequentemente idealizadas. Essas projeções podem assemelhar-se a personagens de desenhos animados ou a deuses e deusas idealizados. Quando esse tipo de transferência ocorre na análise, o paciente pode sentir que o terapeuta possui todo o conhecimento e é extremamente poderoso. O terapeuta detém o poder de curar ou causar doença, possui qualidades extraordinárias que estão além da imaginação. O analista pode ser visto como um Grande Pai ou uma Grande Mãe, um deus ou deusa, onipotente, livre de necessidades pessoais, autossuficiente e imortal. Ele é percebido como alguém muito diferente dos seres humanos comuns. Isso pode introduzir um elemento de temor na relação, pois o analista é tão poderoso que pode ajudar ou causar dano ao paciente. Essa intensa projeção arquetípica é conhecida como "transferência idealizante".

O terceiro tipo de projeção ocorre no nível mais superficial do inconsciente, conhecido como inconsciente pessoal. Nesse caso, ocorre uma projeção de complexos ou figuras relacionadas à história pessoal do indivíduo. Quando esse tipo de projeção ocorre na análise, os sentimentos do paciente em relação ao terapeuta podem ser conflitantes e desorganizados. A projeção de complexos está associada, em geral, a experiências traumáticas precoces. As experiências pessoais da infância, como com a mãe ou o pai, são transferidas para o terapeuta. O paciente começa a sentir em relação ao analista da mesma maneira que se sentia em relação a um dos pais na infância. Os sentimentos em relação ao terapeuta dependem das experiências com os pais, positivas ou negativas, especialmente durante a primeira infância. Esse tipo de projeção pode se transformar facilmente em uma transferência negativa, gerando sentimentos de suspeita, desconfiança e a necessidade de ter muito cuidado, pois o terapeuta pode ficar com raiva e explodir. Por outro lado, o paciente pode ter tido sentimentos amorosos em relação aos pais na infância que não foram aceitos por algum motivo. Isso pode levar o paciente a desejar se aproximar do terapeuta, talvez até mesmo mudar-se para a casa do terapeuta e viver com ele, de modo semelhante ao que ocorre com uma criança em relação à sua família de origem.

Podemos identificar tanto a transferência positiva quanto a negativa. A transferência positiva é caracterizada por idealização, afeto amoroso e admiração em relação ao terapeuta. Por outro lado, a transferência negativa é marcada por sentimentos de irritação, medo e desconfiança em relação ao terapeuta. Além dessas, existe a chamada "transferência espelhada", em que o paciente deseja ser cuidado, protegido e nutrido pelo terapeuta. Também há a "transferência erótica", que envolve a atração sexual e o desejo de estabelecer um relacionamento amoroso com o analista.

Tipos de contratransferência

Do mesmo modo que existe diferentes tipos de transferência, também existem diversos estilos de contratransferência, que podem ser categorizados como atitudes estáveis ou por reações momentâneas. As atitudes estáveis referem-se às posturas básicas que um terapeuta adota em relação a cada caso e fazem parte de sua postura profissional ao receber os pacientes. Essas atitudes são desenvolvidas ao longo do tempo de prática clínica, tornando-se hábitos consistentes de acolhimento. Por outro lado, as reações momentâneas são respostas emocionais e cognitivas que surgem durante a interação terapêutica, influenciadas pela dinâmica da transferência e pelas projeções inconscientes do paciente. É importante que o terapeuta esteja consciente de suas atitudes e reações contratransferenciais, e que as utilize de forma reflexiva e construtiva no contexto terapêutico. Ao desenvolver uma atitude estável, o terapeuta cria um ambiente seguro e acolhedor para o paciente, promovendo um vínculo terapêutico sólido.

Existem diferentes tipos de atitudes contratransferenciais que um terapeuta pode assumir durante a relação terapêutica. Uma delas é a "atitude de contratransferência maternal", na qual o terapeuta assume a posição de acolhimento, contenção e nutrição para com o paciente. Nessa perspectiva, parte-se do pressuposto de que os pacientes buscam terapia por uma necessidade de empatia e compreensão. Um terapeuta com essa atitude maternal responderá às experiências compartilhadas pelo paciente com empatia, garantindo que compreendem o sofrimento e as ofensas envolvidas. É importante ressaltar que essa atitude pode ser assumida tanto por terapeutas homens quanto mulheres, pois não está vinculada ao gênero.

Uma abordagem contratransferencial contrastante a essa é a "atitude de contratransferência paterna", baseada no arquétipo do pai. Nessa atitude, o terapeuta assume uma postura diretiva e oferece orientação sobre como o paciente pode progredir em sua vida para obter um melhor funcionamento e adaptação. O terapeuta enfatiza sua autoridade e poder durante as sessões. Acredita-se que os pacientes buscam ajuda para promover mudanças em suas vidas e alcançar maior sucesso em suas atividades cotidianas. O terapeuta com essa atitude pode ouvir a história do paciente e questionar: "Se você tivesse que fazer isso novamente, como o faria de forma diferente?". Eles podem oferecer conselhos, apontar erros e tentar ensinar o paciente a evitar repeti-los. Analistas com uma contratransferência paternal podem se apresentar como modelos exemplares ou professores para o paciente. É importante ressaltar que essa atitude não está restrita a terapeutas do gênero masculino, pois está relacionada ao arquétipo e à postura terapêutica.

Outra abordagem contratransferencial é a "atitude de contratransferência hermética", referenciando o deus Hermes do panteão grego. Hermes é um deus jovem, associado à transformação e ao aspecto lúdico/criativo. O terapeuta com essa atitude acredita que o paciente está em busca de transformação, de um processo de mudança para se tornar mais leve e criativo na vida. Nessa abordagem, o foco não está na empatia com os sentimentos do paciente ou em oferecer conselhos direcionados, mas, sim, em brincar com o paciente e criar uma atmosfera de liberdade para imaginar. Os terapeutas com uma atitude hermética são como mágicos ou *tricksters*, realizando ações surpreendentes. Eles podem dizer algo na sessão que inicialmente parece totalmente irrelevante, algo que acabou de ocorrer em sua mente ou imaginação. Isso pode deixar o paciente surpreso e levá-lo a pensar fora das ruminações habituais. O terapeuta hermético pode dizer algo que faz o paciente rir. Essa figura terapêutica busca trazer movimento psíquico novamente. Assim como Hermes é o deus do vento, os terapeutas herméticos são agradavelmente imprevisíveis. O paciente nunca sabe o que eles vão dizer ou fazer em seguida.

Jung, ocasionalmente, adotava uma abordagem hermética em sua prática psicoterapêutica. De tempos em tempos, ele encenava reações emocionais intensas para criar surpresas e impulsionar a movimentação do processo terapêutico, quebrando padrões e formas antigas e estagnadas de expressão e reflexão sobre a vida. Em uma ocasião, uma paciente compartilhou um sonho com Jung sobre um besouro escaravelho dourado que realizava algo fora do comum. Jung ficou fascinado por essa imagem e, enquanto ouvia o relato do sonho, começou a ouvir um barulho atrás dele. Sua casa ficava próxima a um lago e tinha um jardim ao redor. Percebendo algo batendo na janela, de forma repentina e dramática, o psiquiatra saltou da cadeira, abriu a janela e pegou um inseto no ar com as mãos. Era um besouro de jardim semelhante ao besouro escaravelho do sonho. Jung o segurou em sua mão e proclamou de forma dramática: "Aqui está o seu besouro!". Esse gesto inesperado de natureza hermética foi extremamente chocante para a jovem paciente, que tinha uma postura mais conservadora. Carl Gustav Jung denominou essa coincidência de "sincronicidade" e relatou que esse evento foi um ponto crucial para a psicoterapia da paciente. O gesto hermético inesperado provocou uma transformação na atitude da paciente, rompendo padrões de pensamento habituais e abrindo caminho para a exploração de novos territórios.

A quarta atitude que descreverei aqui é a "atitude contratransferencial maiêutica". A palavra "maiêutica" tem origem no grego e refere-se à parteira que auxilia as mulheres durante o parto. Ela está associada ao nascimento de uma nova vida, de uma criança. Um terapeuta com uma atitude maiêutica recebe os pacientes com a suposição de que eles buscam um novo começo. Eles desejam dar à luz a um novo futuro, a novas possibilidades, e o terapeuta (seja homem ou mulher) os auxiliará nesse processo de parto. A atitude do terapeuta maiêutico é comparada à de uma parteira. Assim como uma parteira vai até a casa de uma mulher prestes a dar à luz para auxiliá-la durante o trabalho de parto e o nascimento do bebê, essa atitude contratransferencial não se interessa pelo passado. Ela está focada em criar um novo futuro, em trazer à luz novas atitudes, caminhos e ideias inovadoras. Em suma, o terapeuta busca trazer novas disposições à vida desgastada do paciente.

O analista maiêutico muitas vezes dedica bastante tempo aos sonhos, pois acredita que eles são o útero do futuro, contendo as sementes da possibilidade. Esse tipo de terapeuta também pode se interessar por mapas astrais, uma vez que a astrologia oferece símbolos para pensar o futuro, seja ele próximo ou distante. No entanto, o analista maiêutico, em geral, não busca acompanhar o caso por um longo período de tempo. Assim como uma parteira está presente apenas para facilitar o parto e entregar o bebê diretamente à mãe, esse terapeuta considera seu trabalho concluído assim que o processo de nascimento é finalizado. Essa dinâmica descreve um tipo de analista intuitivo, que se aprofunda no inconsciente e no futuro. Eles podem agir como uma espécie de médium ou adivinho, mas podem perder o interesse nas tarefas diárias de cuidar e acompanhar o crescimento das crianças. Seu valor está no nascimento do novo.

Lembro-me da história compartilhada por uma francesa há muitos anos. Quando tinha cerca de 18 anos, ela teve uma sessão com Jung, acompanhada por um amigo que o conhecia bem. Esse amigo pediu a Jung para oferecer orientação à jovem, pois ela estava incerta sobre qual direção tomar em sua vida. Segundo a francesa, a sessão durou apenas uma hora, durante a qual Jung fez perguntas sobre sua vida. Depois de ouvi-la atentamente por 30 ou 40 minutos, ele ofereceu uma resposta reveladora. Jung vislumbrou seu futuro e iluminou o caminho à sua frente, declarando: "Com base no que você me contou, vejo que você deveria se tornar médica e psiquiatra. Sim, é isso que você deve fazer". A francesa afirmou que essa sessão mudou sua vida e definiu sua trajetória. E foi exatamente o que ela fez. Eu a conheci quando ela já tinha 50 anos e era uma psiquiatra estabelecida. Essa sessão exemplifica a abordagem maiêutica. Embora não saiba se Jung a acompanhou por muito mais tempo, é possível que tenha ouvido falar sobre ela em algumas ocasiões, mas, em essência, a sessão foi o ponto de partida. Jung trouxe à tona uma nova ideia e direção, que ela então teve que cultivar por conta própria, como um filho que precisa ser nutrido. Após vinte anos, ela amadureceu e se tornou a pessoa que Jung havia vislumbrado em sua mente, atingindo seu pleno potencial.

Um terapeuta habilidoso tem a capacidade de transitar entre essas quatro atitudes contratransferenciais distintas, dependendo das necessidades específicas do paciente em determinado contexto. É importante que os terapeutas estejam conscientes de sua principal atitude de contratransferência e sejam capazes de refletir sobre ela. Após estabelecer sua abordagem básica, o terapeuta pode e deve ser mais flexível, experimentando outras posturas terapêuticas. Isso permite uma maior adaptabilidade e sensibilidade às demandas individuais de cada paciente.

PILAR TRÊS

Os Sonhos como Caminho para a Totalidade

Os psicanalistas junguianos atribuem grande valor ao trabalho com os sonhos de seus pacientes (e com os próprios). Os sonhos têm a capacidade de revelar ao analista e ao paciente o que está acontecendo abaixo da superfície consciente. O inconsciente é uma esfera distinta, com sua própria vida, e muitas vezes está em contradição com o mundo consciente. Quando uma pessoa está dormindo, ocorre um tipo de pensamento diferente, que difere do pensamento no estado de vigília. Os sonhos podem oferecer informações importantes sobre o que está ocorrendo em nosso interior e sobre possíveis desenvolvimentos futuros. No entanto, além de tudo isso, esse fenômeno talvez seja ainda mais crucial para o resultado da análise, pois os sonhos constroem o caminho para a integração psicológica.

O primeiro livro de Freud que Jung leu e estudou durante seus dias como médico psiquiatra na Clínica Burghölzli em Zurique foi *A Interpretação dos Sonhos*. Essa obra é considerada um clássico, e Jung ficou fascinado com as perspicazes percepções de Freud sobre a mente dos sonhos e o que eles podem revelar sobre motivos ocultos e sentimentos reprimidos. Desde então, o trabalho com os sonhos tornou-se uma característica central da psicanálise junguiana.

Embora muitas pessoas afirmem não se lembrar dos sonhos ou digam que não sonham, pesquisas científicas demonstram que todos sonham durante o sono, incluindo não apenas os humanos, mas também outros mamíferos. Lembrar ou não dos sonhos é uma questão diferente, mas a realidade é que todos nós sonhamos. Quando abordamos o tema dos sonhos em conversas informais, muitas pessoas podem questionar sua importância e por que deveriam prestar atenção a eles. No entanto, podemos responder que, ao ignorar os sonhos, estamos deixando de lado uma parte significativa do processamento de nossa psique. Nossos pensamentos continuam ativos enquanto dormimos, e isso por si só desperta curiosidade sobre o que se passa em nossa mente durante esse estado.

Encorajar os outros a prestar atenção aos seus sonhos pode despertar sua curiosidade e levá-los a começar a registrar suas experiências oníricas. É assim que tudo começa. Algumas semanas depois, essas mesmas pessoas podem relatar que tiveram alguns sonhos e os anotaram, mas que não conseguem compreender o significado deles. Nesse momento, podemos responder com um sorriso enigmático: "Seus sonhos estão se comunicando em uma linguagem simbólica, em um novo idioma. Para compreender o que eles têm a dizer sobre você, é preciso aprender essa linguagem". Esse é o início da jornada de reflexão sobre os sonhos e do processo de interpretação. Embora entender os sonhos não seja uma tarefa simples, os analistas junguianos são treinados para explorar esse mundo onírico. A interpretação dos sonhos é um tema central e constituinte da psicanálise junguiana, como Freud já explorou em sua famosa obra.

O sonho carrega consigo uma mensagem que, no entanto, demanda interpretação para ser plenamente compreendida. Isso justifica o pedido do faraó a José para decifrar o significado subjacente a seus sonhos. José, com sua genialidade, conseguiu evitar uma grande fome ao interpretar corretamente os sonhos do faraó. O psicanalista junguiano, nesse sentido, é uma espécie de José contemporâneo. Indivíduos buscam-no com sonhos que precisam de interpretação para ganhar significado. Essas podem ser mensagens que têm o potencial de salvar a vida do sonhador, ou, ao menos, melhorar sua qualidade de vida ao proporcionar uma oportunidade de desenvolver um maior autoconhecimento e consciência sobre os outros.

Neste capítulo, exploraremos como os psicanalistas junguianos lidam com sonhos em suas práticas clínicas. Para iniciar, permita-se mergulhar em uma leve fantasia: você está prestes a se consultar com Jung. Imagine que o nome de Jung lhe foi recomendado por um amigo ou ex-paciente e, para sua surpresa, ele concordou em analisá-lo. Talvez você esteja lidando com conflitos psicológicos ou sofrendo de algum distúrbio psicológico, como depressão, e esteja considerando algumas sessões de psicoterapia com o renomado Professor Jung.

Conforme o dia de sua primeira sessão se aproxima, você chega à residência de Jung. Ao final de um caminho ladeado por árvores majestosas, depara-se com uma entrada imponente.

Acima da porta, um dito do Oráculo de Delfos está esculpido em pedra: "VOCATUS ATQUE NON VOCATUS DEUS ADERIT".

Ao parar por um momento para ler, você se questiona: estaria entrando em um templo? O que essa inscrição significa e por que está situada acima da porta? Você toca a velha campainha à margem da porta e um funcionário a abre para você. Assim, você é admitido na casa do dr. Jung. O empregado conduz você por uma escada até a biblioteca localizada no primeiro andar.

Ao se aproximar, Jung lhe dá as boas-vindas e o conduz ao seu consultório particular, situado nos fundos da biblioteca. O psicanalista junguiano o convida a se acomodar numa cadeira em frente a ele, posicionada de tal forma que possa observá-lo de maneira indireta. Quando Jung o vê confortavelmente acomodado, ele o olha atentamente e questiona: "Bem, por que decidiu me procurar? Como posso ajudá-lo?

Você está enfrentando algum problema?". Jung possui um olhar penetrante e você tem a impressão de que ele está a observar diretamente sua alma. Diante dessa pergunta, você percebe que é melhor ser direto com ele. É melhor ser sincero e lhe contar qual é o seu verdadeiro problema e por que precisa da sua ajuda.

Você inicia a conversa explicando sua situação atual: onde está na vida; onde sente-se preso e com dificuldades; quais são suas dores; seu histórico de feridas e traumas. Resumindo, você compartilha com ele a história da sua vida. Jung o escuta atentamente, porém permanece silencioso. Ao concluir, você pergunta: "Professor Jung, você poderia me ajudar? Poderia me dar um conselho? O que devo fazer?". Jung olha para você e, com tranquilidade, responde: "Não tenho ideia do que você deve fazer, não tenho nenhuma sugestão de como deveria viver sua vida. Não posso fornecer respostas para questões tão importantes. Mas, se me apresentar seus sonhos, podemos explorá-los juntos e verificar se sua psique traz a resposta. Se houver alguma orientação, é aí que a encontraremos".

Essa seria a sua primeira sessão e o início de sua análise com o professor Jung. A pergunta que se impõe é: o que os seus sonhos estão comunicando? Talvez nunca tenha refletido anteriormente sobre seus sonhos. Talvez nunca tenha sequer imaginado que eles pudessem ter algum interesse ou valor. Mas aqui está o renomado professor, indicando que as soluções emergem de seus próprios sonhos; não dele, mas do seu inconsciente. Então ele propõe que, juntos, vocês investiguem, que mergulhem em seu mundo interior e descubram o que seus sonhos estão revelando. Os sonhos serão examinados e interpretados como um instrumento para a psicoterapia.

A abordagem de Jung aos sonhos de seus pacientes não se concentrava em estudá-los sob um prisma estritamente científico. Ao contrário, trabalhar com sonhos sempre foi, para ele, um exercício prático voltado à cura da alma. Jung possuía vasta experiência prática na análise e interpretação de sonhos, tendo refletido profundamente sobre o tema e discorrido de forma extensa a respeito. Os psicanalistas junguianos que o sucederam, em essência, seguiram suas diretrizes e procedimentos. E é justamente nesse ponto que focaremos agora, iniciando pela estrutura desse fenômeno.

A estrutura dos sonhos

Presumir que os sonhos apresentem uma estrutura regular e definível por si só pode parecer questionável, já que, em sua forma natural – conforme vão sendo registrados ou descritos com o auxílio de um gravador – eles frequentemente parecem sinuosos e caóticos. Enquanto se registra partes de um sonho, pode-se de repente recordar de outra parte, e na medida em que se organiza com a mente consciente, as peças assumem um tipo de formato próprio, assim como ocorre com uma narrativa. No entanto, essa forma é criada pela consciência e não está necessariamente embutida no sonho como tal. Ainda assim, é útil considerar a estrutura para fins de interpretação dos sonhos. Jung compara a estrutura dos sonhos às peças clássicas do antigo teatro e drama grego: em tal arte, uma cena é definida da qual alguns personagens emergem, depois um drama se inicia e se desenvolve em uma história carregada de tensão emocional ou conflitos, culminando em um clímax e concluindo com uma resolução (lise). Vamos considerar o seguinte sonho do ponto de vista estrutural. Foi escrito pelo sonhador logo após acordar e me foi apresentado desta maneira, com permissão para uso neste capítulo.

Eu me encontrava nas nuvens. O céu se apresentava pálido, quase de um azul iridescente. Estava ascendendo aos céus em uma nuvem, até avistar um homem japonês de idade avançada. Minha nuvem estacionou logo abaixo daquela em que ele estava sentado. Ele trajava seda. O japonês estendeu gentilmente um anel para mim. Ficou claro que este anel tinha um valor elevado. O anel era constituído de uma faixa de ouro com uma pérola branca no centro. Ao redor da pérola, havia um círculo irregular de esmeraldas, uma das quais se estendia além do círculo. Nós não conversamos, nos comunicávamos telepaticamente. Questionei se ele tinha certeza de que desejava que eu aceitasse o anel. O homem confirmou que sim. Foi então que percebi que o anel era bastante grande para o meu dedo. Observei o interior da peça e vi o número 8, porém este estava gravado de lado no metal, fazendo que se parecesse com o símbolo do infinito. Eu disse: "Isso é tão grande que vou precisar crescer para ele". O homem sorriu e balançou a cabeça, quase rindo; meu comentário parecia lhe causar grande divertimento. Ele transmitiu: "Não se preocupe".

A primeira parte da estrutura dos sonhos é o cenário, que indica onde o sonho está acontecendo. Neste sonho, a localização é notável e específica: "Eu me encontrava nas nuvens".

Em geral, quando as pessoas comparecem a uma sessão e relatam um sonho, iniciam dizendo algo como: "Eu estava à beira-mar" ou "Eu me encontrava em uma casa, olhando ao redor, e havia algumas pessoas comigo. Acredito que era minha irmã, ou talvez minha esposa". Em seguida, começam a desenrolar uma história. Portanto, no começo, você tem uma ideia de onde se situa – "Estou nas nuvens." O psicanalista começa a imaginar o sonho junto com os pacientes neste momento, adentrando em seu sonho por meio do cenário. É importante saber onde se está ao começar a trabalhar com um sonho. Estar nas nuvens evoca uma sensação muito particular, e o analista tomará nota disso e se unirá ao sonhador de forma imaginativa nesse cenário onírico.

O passo seguinte é determinar a *Dramatis Personae*, o elenco de personagens que aparecem no sonho. Quando você vai ao teatro e compra o programa da apresentação que você pode ler antes do início da peça ou ópera, ele normalmente oferece uma breve descrição do local onde o drama se inicia e fornece uma lista de personagens, a *Dramatis Personae*. Talvez haja apenas alguns personagens, como em uma peça de Tchekhov, ou talvez exista um grande elenco de personagens, como nas peças de Shakespeare. Em ambos os casos, você tem a ambientação e o elenco dos personagens logo no começo. Em um relato de sonho, não é tão explícito porque novos personagens surgem à medida que a história se desenvolve, mas, em um momento futuro, você pode reunir um elenco de personagens que se apresentam. Um personagem que quase certamente aparecerá no sonho é o que chamamos de "o ego do sonho". Essa é uma representação do sonhador, que se expressa como "eu", assim como no sonho acima: "Estou nas nuvens". A maioria dos sonhos apresenta dois ou três personagens principais. Neste sonho, existem dois: o "eu" e um homem japonês mais velho. (A sonhadora está na casa dos 30 anos.) Em alguns sonhos, pode haver multidões de pessoas, mas os personagens significativos, em geral, são poucos.

A seguir, observamos o desenvolvimento da ação no sonho. O enredo se desenrola, com os personagens desempenhando suas funções enquanto a história evolui. No sonho mencionado, deparamo-nos com a figura de um idoso japonês, descrito como estando elegantemente trajado, situado em uma nuvem próxima e a uma altura ligeiramente superior à do "eu". A medida que a nuvem se aproxima, o homem de posição superior oferece um anel, que é aceito, não sem um certo grau de hesitação e questionamento. Em seguida, ocorre uma interação telepática, na qual uma mensagem é transmitida, e as dúvidas são esclarecidas por meio da abordagem bem-humorada e sábia do homem. Nesse sonho, a ação é concisa e direcionada. Muitos dos sonhos relatados nas sessões de análise apresentam uma ação mais dinâmica, que frequentemente se desloca para outras cenas ou inclui interações complexas entre diversos personagens oníricos.

Ao longo da narrativa da ação no sonho, muitas vezes alcançamos um ponto de clímax ou crise, ou presenciamos uma reviravolta significativa. Nesses momentos, tudo pode mudar repentinamente. Tais pontos, em geral, resultam na resolução dos conflitos que o sonho apresentou, ou às vezes, a história do sonho pode simplesmente pausar sem uma resolução clara. No sonho em questão, a resolução é inequívoca: o sonhador aceita o anel e a promessa de um crescimento futuro. Quando os sonhos apresentam uma resolução dessa forma, o desfecho é muitas vezes perceptível ao sonhador. O processo onírico encontrou uma maneira de resolver a questão apresentada – o anel ser muito grande – e conseguiu abordar o problema emergente sobre o tamanho e a adequação do presente. Às vezes, as pessoas acordam antes de uma resolução se manifestar, deixando-as em suspense. Elas não têm certeza de como a história termina ou qual seria a conclusão possível. No entanto, um sonho bem estruturado, completo, apresenta uma resolução. Ele transmite a sensação de um pensamento completo, independentemente de o resultado ser satisfatório ou trágico.

No teatro, há uma breve pausa no final de uma peça, após a qual os atores se apresentam, se curvam e recebem os aplausos do público. O público sai do teatro com uma sensação de ter vivenciado, de forma vicária, uma experiência – seja ela ameaçadora ou bonita, emocionante ou profunda. É essa sensação que alguém tem ao acordar após um sonho – algo aconteceu, tivemos uma experiência. Às vezes, essa experiência parece impressionante e até mesmo numinosa, como descrito no sonho acima, enquanto em outras ocasiões, pode parecer apenas uma pequena história sem um significado específico. Jung nos fala sobre os grandes sonhos e os pequenos sonhos. Um grande sonho nos proporciona uma sensação de "uau!" – algo realmente importante está acontecendo no mundo dos meus sonhos! Foi esse o efeito que o sonho citado acima teve na jovem que o relatou.

Trabalhando com os sonhos em análise

Ao explorarmos o trabalho dos psicanalistas junguianos no contexto dos sonhos, é importante destacar como eles podem abordar essa temática com seus pacientes. Se você tivesse passado por uma análise com C. G. Jung, ele prontamente solicitaria que compartilhasse seus sonhos, pois eles ocupavam um lugar central em seu trabalho com os pacientes. Após a Segunda Guerra Mundial, quando foram estabelecidos programas de formação de analistas em cidades como Zurique, Londres e Nova York, um requisito fundamental era a realização de uma análise pessoal por parte dos candidatos. Essa ênfase na análise pessoal foi transmitida e mantida até os dias atuais. Os alunos aprendem a trabalhar com os sonhos durante a análise, explorando seus próprios sonhos junto aos analistas do programa de formação. Além desse foco, eles também recebem supervisão de casos, o que constitui um segundo contexto de aprendizado no trabalho com os sonhos. Além disso, há diversos cursos didáticos sobre a análise dos sonhos. Ao longo da formação, os candidatos aprendem a trabalhar com os sonhos em três ambientes distintos: em sua própria análise pessoal, na supervisão dos casos de seus pacientes e nos cursos dedicados à análise dos sonhos.

Durante o período em que me preparei para me tornar um analista em Zurique, entre 1969 e 1973, era prática comum levar uma cópia escrita dos nossos sonhos para cada sessão de análise, que ocorria duas vezes por semana. Nosso treinamento envolvia não apenas nos tornarmos analistas, mas também desenvolver a habilidade de lembrar e registrar detalhadamente os nossos próprios sonhos. Entregávamos uma cópia desses sonhos recentes ao analista e mantínhamos outra cópia para nosso arquivo pessoal. Essa rotina se estendeu ao longo de todo o período de treinamento. No entanto, quando começávamos a trabalhar com os pacientes, frequentemente nos deparávamos com um desafio.

Os pacientes não possuíam o mesmo treinamento que nós – eles não tinham conhecimento de que deveriam nos trazer uma cópia de seus sonhos. Portanto, tivemos que aprender a evocar os sonhos de nossos pacientes durante o processo analítico. Na realidade, alguns pacientes têm poucos sonhos, o que exige que estejamos preparados para trabalhar analiticamente mesmo na ausência de sonhos. No entanto, para a psicanálise junguiana, ter acesso à expressão do inconsciente por meio dos sonhos é uma grande vantagem. Eles nos oferecem informações que o paciente não seria capaz de transmitir apenas com base em sua consciência.

O primeiro passo para trabalhar com os sonhos na análise é estabelecer o conteúdo onírico. O paciente traz um sonho e o lê a partir de suas anotações preparadas ou o reconta de memória. Nesse momento, o analista obtém uma visão da psique inconsciente do sonhador. O analista pode fazer algumas perguntas sobre os detalhes do sonho, e alguns analistas dedicam bastante tempo a isso. Por exemplo, no caso do sonho mencionado, o analista pode perguntar: "Você poderia fornecer mais detalhes sobre o anel?" e "Como você percebeu a idade do japonês?". O analista pode solicitar informações adicionais sobre o cenário, o ambiente e outros personagens presentes no sonho.

Uma vez que o conteúdo do sonho tenha sido estabelecido e esclarecido, o segundo passo é construir o contexto do sonho, que Jung chamou de "o tecido no qual o sonho está envolto". O contexto do sonho consiste nas associações pessoais do paciente com as imagens do sonho, nas memórias do dia anterior ao sonho (o "resíduo do dia"), bem como na situação atual da vida do sonhador.

Freud utilizava um método denominado "associação livre" para trabalhar com os sonhos na psicanálise. O sonhador lembraria do sonho e, em seguida, se associaria espontaneamente a partes do próprio sonho. O sonho era basicamente interpretado com base nessas associações, o que deixava o próprio sonho em segundo plano. No entanto, Jung não ficou impressionado com esse método, pois logo descobriu que a associação livre era repetitiva e girava em torno dos mesmos complexos psicológicos presentes em todos os sonhos. Ele percebeu que, ao permitir que os pacientes se associassem livremente dessa maneira, eles apenas retornavam aos mesmos complexos e obsessões que ocupavam sua vida consciente. Além disso, o sonho em si perdia sua importância nesse processo. Para Jung, isso não representava uma verdadeira interpretação dos sonhos, parecia ser uma interpretação dos complexos dominantes alojados no inconsciente pessoal.

Carl Jung buscava investigar o próprio sonho como detentor de uma mensagem original, algo distinto, que poderia revelar as camadas mais profundas do inconsciente. Insatisfeito com esse método, ele concebeu uma abordagem distinta para trabalhar com os sonhos. O que o sonho quer dizer? O que ele está tentando comunicar? Jung estava muito mais interessado na mensagem e no significado do sonho do que nas informações fornecidas pelas associações livres.

Os psicanalistas junguianos, por sua vez, solicitam associações em relação às diferentes partes do sonho, mas sempre retornam à narrativa e às imagens reais da expressão onírica em si. As associações de cada elemento do sonho são coletadas individualmente, e elas podem apontar para algo que ocorreu recentemente. Talvez o sonho acabe parecendo um comentário sobre algum evento do dia anterior, pois todas as associações levam a ele. É importante lembrar que um sonho surge da experiência de vida de uma pessoa específica, sendo esse "o tecido no qual o sonho está envolto".

No caso do sonho mencionado, a associação do sonhador com "japonês" era "casa, um lugar de segurança". Essa associação remetia à casa estável e protegida da sonhadora caucasiana, que era decorada no estilo japonês. Sua associação com o homem japonês era "sabedoria antiga". A paciente havia sido exposta à poesia e à arte japonesa durante seus estudos e viagens. Em relação à pérola, ela tinha algumas associações relacionadas ao seu trabalho e à qualidade da feminilidade. O ouro e as esmeraldas sugeriam alta qualidade e valor. Essas associações contribuem para a construção do contexto do sonho, algo que auxiliará o analista posteriormente na interpretação do sonho.

Após a conclusão dessa etapa e o estabelecimento do contexto pessoal no qual o sonho ocorre, o próximo passo é a *amplificação*, uma abordagem exclusiva da análise junguiana. A amplificação busca alcançar o nível arquetípico da psique que é revelado nos símbolos oníricos. Por meio da amplificação, são traçados paralelos com a cultura mundial, religiões, mitologias e contos de fadas. Isso proporciona um preenchimento e aprofundamento adicionais do contexto do sonho.

No caso do sonho mencionado, as imagens da "pérola", "anel", "esmeraldas", "símbolo do infinito" e "número 8" seriam elementos ricos para a amplificação. A pérola, por exemplo, está universalmente associada à lua e ao mar, e representa o arquétipo feminino. Da mesma forma, a esmeralda está associada ao feminino. Um anel dourado com o número 8 na forma do símbolo do infinito representaria um vínculo eterno com a figura da sabedoria (*animus*), que traz um presente à sonhadora. Assim, um conjunto rico de associações amplificadoras é construído em torno das imagens do sonho, conectando-o ao nível arquetípico da psique. Esse é o propósito da amplificação.

A amplificação é um nível adicional de associação que muitas vezes surge a partir do analista, considerando seu extenso treinamento. No entanto, é possível que também venha do próprio paciente, com base em sua experiência e aprendizado. Em essência, a interpretação dos sonhos é uma empreitada colaborativa, onde tanto o analista quanto o paciente contribuem para a amplificação das imagens do sonho.

A amplificação enriquece o contexto do sonho e pode levar o interessado a explorar até mesmo a história dos símbolos. No entanto, é importante que a análise e interpretação retornem dos amplos campos de amplificação para os aspectos mais específicos e particulares do sonho e do sonhador. Esse movimento de expansão e retorno constitui o círculo hermenêutico da interpretação dos sonhos.

Agora chegamos à etapa final do processo de trabalho com os sonhos, que é a interpretação propriamente dita. Após estabelecer o contexto do sonho, coletar associações pessoais e amplificar seus símbolos, devemos nos questionar: o que esse sonho significa para o sonhador? Por que esse sonho específico ocorreu nesta noite em particular? Todo o trabalho realizado com o sonho até agora é relevante, mas, no final das contas, devemos responder à questão do sentido.

Jung propôs uma teoria dos sonhos, e os psicanalistas junguianos se baseiam nela para refletir sobre o significado dos sonhos: "[...] as imagens nos sonhos e fantasias espontâneas são símbolos, ou seja, a melhor formulação possível para fatos ainda desconhecidos ou inconscientes, que, em geral, compensam o conteúdo da consciência ou a atitude consciente".[1] A teoria sugere que os sonhos têm uma relação compensatória com a consciência. Essa teoria dos sonhos se fundamenta em uma visão mais abrangente da psique, que propõe que esta busca equilíbrio e harmonia. É possível, e de fato é comum, que ocorra desequilíbrio na psique e que precise ser corrigido. Esse desequilíbrio ocorre porque os componentes da psique se organizam em uma rede de polaridades, ou o que Jung chamou de "opostos". O

---

[1] C .G. Jung, *Mysterium Coniunctionis*, CW 14, par. 772.

self, que é um termo para a totalidade da psique, é composto por pares de opostos – masculino/feminino, bom/mal, sombra/*persona*, e assim por diante. Quando a consciência desenvolve um senso de identidade, ela escolhe um lado dos opostos para se identificar e, consequentemente, rejeita o outro. Isso cria um desequilíbrio, com a consciência de um lado da divisão – uma condição que Jung chama de unilateralidade – e o inconsciente do outro lado. O ego da consciência se identifica e representa um lado das polaridades, enquanto o lado oposto é deixado no inconsciente. Assim, a psique tem a necessidade de criar um estado de equilíbrio e harmonia entre os opostos. As pessoas podem se tornar um pouco unilaterais e ainda assim lidar com isso, mas se isso se repetir excessivamente, elas se tornam neuróticas. Sofrem com conflitos internos graves e podem se sentir totalmente desconectadas de partes importantes de si mesmas. O resultado líquido desse desenvolvimento demonstra que os sonhos surgem como compensações e buscam criar um maior equilíbrio.

A teoria da compensação postula que a mente sonhadora nos auxilia ao trazer o que necessitamos para alcançar a "totalidade" (equilíbrio) e aquilo que foi deixado fora da consciência. Os sonhos proporcionam a oportunidade de alcançar um melhor equilíbrio entre os opostos e criar uma maior harmonia entre a consciência do ego e o inconsciente.

Jung ficou profundamente atraído pela filosofia taoista. Dentro do Tao, o Yin e o Yang operam com base em um princípio de interação entre os opostos, constantemente interagindo e influenciando um ao outro para formar um fluxo de energia e direção.

Esta é uma descrição das relações entre a consciência e o inconsciente como um princípio compensatório que opera entre eles.

Para interpretar um sonho, é necessário ter conhecimento sobre as atitudes conscientes e a percepção de identidade que os pacientes possuem de si mesmos. Parte dessa problemática está relacionada à tipologia: são extrovertidos ou introvertidos? Qual das quatro funções – sensação, intuição, sentimento, pensamento – é dominante e qual é secundária? Outro aspecto é o desenvolvimento psicológico: onde o paciente se encontra ao longo do processo contínuo de individuação? O intérprete de sonhos precisa ter uma compreensão clara de onde o paciente apresenta unilateralidade, a fim de perceber como o sonho está compensando esse tipo de posicionamento.

No caso da pessoa que compartilhou o sonho mencionado, a mensagem onírica está relacionada à sua situação atual de vida. Segundo ela, sentiu que a figura da sabedoria estava lhe oferecendo um "presente de graduação" por ter passado com sucesso por uma crise difícil na meia-idade. A forte ênfase no feminino e no compromisso parece indicar uma direção para a futura individuação, o que compensaria a identificação anterior do sonhador com o aspecto *animus* da psique.

Muitas vezes é difícil perceber como um único sonho compensa a consciência de um indivíduo. No entanto, quando há uma série de sonhos disponíveis, o significado da compensação tende a se tornar mais evidente. No caso da pessoa que teve o sonho do presente de um anel com uma pérola e esmeraldas, posteriormente ela teve um segundo sonho que enfatiza ainda mais o aspecto feminino.

Eu estava em um quarto individual feito inteiramente de vidro. O ambiente estava conectado de forma contínua a uma exuberante montanha, cujo topo eu não conseguia ver. Eu estava sozinha, completamente nua e confortável. Olhei através do chão do quarto e pude observar árvores, o oceano e a terra. Lembro-me especialmente das árvores. Havia uma banheira de vidro contra a parede mais distante do quarto, e ela estava cheia até a borda com água morna e borbulhante. Como uma criança, caí na banheira e comecei a brincar na água. Senti algo curativo e purificador. Nesse momento, um homem japonês de certa idade entrou no quarto. Não senti nenhum constrangimento e imediatamente entendi que sua presença era gentil e amigável. Ele se aproximou da banheira segurando um pedaço de pano que pingava óleo. A luz do sol vinha de fora, iluminando o pano oleoso. Lembro-me de ver o óleo escorrendo para dentro da banheira. Foi comunicado a mim que eu deveria tomar banho com aquele óleo, que era o óleo de um hibisco rosa. Senti o óleo na minha pele, o calor do sol em meu corpo e a água se movendo ao meu redor. Em seguida, uma mulher japonesa mais velha entrou no quarto. Ela carregava uma linda e delicada bandeja de bambu. Na bandeja, havia pratos de comidas e doces deliciosos, porém nada que eu reconhecesse ou tivesse visto antes. Ela colocou a bandeja silenciosamente no chão ao lado da banheira e sorriu para mim. O homem e a mulher então saíram do quarto, desaparecendo dentro da montanha.

As associações da sonhadora com o sonho envolviam temas como inocência, infância e cura. Esse sonho pode ser considerado uma espécie de sonho de renascimento, conhecido por Jung como apoctastasis, representando um retorno ao estado original de totalidade. O óleo de hibisco ressalta novamente o aspecto feminino. O segundo sonho contribui para uma especificação da área compensatória que está sendo abordada: um retorno ao feminino arquetípico, com o objetivo de integrá-lo de modo mais pleno à consciência do ego nos estágios posteriores da individuação.

Interpretações objetivas e subjetivas

Outra consideração para a interpretação dos sonhos é decidir se ela deve ser feita de forma objetiva ou subjetiva. A interpretação *objetiva* se refere ao significado das relações reais no mundo ao nosso redor, enquanto a interpretação *subjetiva* se refere ao significado do mundo interior da psique. A compensação do sonho pode ser uma resposta à unilateralidade nas relações com outras pessoas no nível objetivo ou uma resposta à unilateralidade interna no nível subjetivo. É importante destacar que essas duas dimensões estão intimamente relacionadas e entrelaçadas, mas, para fins analíticos, muitas vezes fazemos uma distinção. A regra geral é que, se uma pessoa sonha com alguém com quem está envolvida em um relacionamento atual, a interpretação dos sonhos seria supostamente uma resposta ao relacionamento real com essa pessoa específica. Caso contrário, teríamos uma interpretação no nível subjetivo.

No nível objetivo, o sonho pode estar sugerindo uma compensação para ajudar no ajuste da atitude consciente e nas interações comportamentais com os outros, indicando a possibilidade de uma resposta mais equilibrada e com menos projeção. O sonho pode estar apontando para uma atitude mais equilibrada e menos projetiva. É comum pensar que as pessoas familiares que aparecem nos sonhos são representações precisas delas mesmas, mas, na realidade, não o são. A figura dos sonhos não é a pessoa objetivamente real, mas, sim, uma representação do sonhador sobre essa pessoa. O que a figura do sonho faz ou diz não pode ser atribuído ao sujeito real. O sonho revela o relacionamento que o sonhador tem com essa figura em particular. Embora chamemos isso de interpretação objetiva, ainda envolve consideravelmente o aspecto subjetivo.

Se o sonho for interpretado de forma subjetiva, todas as partes que o compõem, incluindo as figuras e o cenário do sonho, servem como uma imagem do mundo interior do sonhador, com algumas referências ao mundo exterior, mas funcionando principalmente como metáfora ou símbolo de uma realidade psíquica interna. A seguir, apresento um sonho de uma senhora de aproximadamente 80 anos de idade. Este sonho claramente requer uma interpretação no nível do sujeito, embora faça referência a uma pessoa real que faleceu há muito tempo.

Um sonho em duas partes. Na primeira parte, estou observando um grupo de homens (sete, eu acredito) de uma posição superior a eles. Eu os vejo da cintura para cima. Eles são conhecidos por serem pessoas excepcionalmente talentosas, como um Mozart. Recebo a informação de que a razão pela qual eles são talentosos é que estão vinculados a um pequeno círculo que se encontra dentro de um

*círculo maior, e que esse círculo é a Fonte de sua geniali-
dade. Por causa dessa conexão, eles são capazes de fazer o
que fazem. Suas magníficas criações não são resultado
apenas de suas habilidades inatas como seres humanos,
mas, sim, da sua conexão com a Fonte.*

*Na segunda parte, me encontro no mesmo nível das
figuras, embora veja apenas os pés de um grupo de homens, possivelmente os mesmos do grupo anterior. Eles
usam sandálias feitas de prata e ouro, que são admiráveis,
e conseguem caminhar de maneira fluida. Seus pés parecem levitar e deslizar suavemente pelo chão. Fico fasci-
nada pelas sandálias e pelo movimento, e penso comigo
mesma: "Isso é alquímico!". Em seguida, meu pai aparece
e alguém comenta: "Ele é um dos abençoados, mas o mais
notável é a sua humildade. Ele não se vangloria de suas
realizações ou do que torna tudo isso possível".*

*Eu acordo. Ainda está escuro quando me levanto e es-
tou convencida de que meu pai está em casa. Mesmo que
tenha falecido há muitos anos, ele está aqui e agora, ou
talvez seja eu que esteja no mundo dele, na sua compa-
nhia neste momento.*

Para esse sonho, uma interpretação subjetiva é claramente indicada. O sonho fala da fonte da criatividade (o *self*)
e da união dos opostos (prata e ouro reunidos nas sandálias).
É um sonho maravilhoso que demonstra a relativização do
ego em favor do *self*. A virtude enfatizada é a humildade, o

oposto do orgulho narcisista. A relação da sonhadora com o pai não está sendo compensada ou modificada, pois ela sempre teve uma grande consideração por ele. No sonho, ele é um símbolo do Pai arquetípico. A sonhadora, historicamente, sofreu com as humilhações impostas às mulheres pelo patriarcado cultural em que nasceu e cresceu. Nas culturas patriarcais, os pais ocupam um lugar de destaque e prestam pouca atenção ao feminino. O pai no sonho indica o outro lado possível da figura paterna, que pode ser uma personalidade criativa que também carrega a humildade de reconhecer um poder e uma fonte ainda maior de criatividade, o *self*. Como fonte criativa, o *self* seria representado por imagens como a Grande Mãe. Nesse sonho, trata-se simplesmente do círculo dentro de um círculo, o núcleo da mandala.

No nível subjetivo, os sonhos são considerados simbólicos. Um símbolo é uma representação de um conteúdo ou processo inconsciente e não se refere a algo já conhecido. Nesse sentido, é diferente de um sinal, que se refere a um objeto ou ideia específica e objetiva já conhecida. Em geral, Jung e os psicanalistas junguianos que seguiram sua linha de pensamento estão mais interessados na interpretação simbólica dos sonhos do que no campo objetivo. Isso ocorre, em parte, porque Jung sentiu que, no mundo moderno, a maioria das pessoas está unilateralmente orientada para o mundo concreto e objetivo e, portanto, perdeu o contato com o simbólico.

Tipo psicológico

Ao trabalhar com sonhos em análise, outra consideração é o tipo psicológico, tanto do sonhador quanto do analista. Pode acontecer que o paciente se satisfaça em simplesmente relatar um sonho ou uma fantasia. Se o sonhador for do tipo sensação, ele ou ela resistirá a ir além na interpretação. O sonhador deseja permanecer na função sensação dentro do contexto onírico e apreciar a história em seu próprio nível. O tipo sensação se concentra nos detalhes perceptivos, como cor, textura, lugar e qualidade das imagens do sonho, e fica satisfeito em apreciá-los puramente nesse nível. Jung chama isso de atitude *estética*. Embora seja importante reunir informações sensoriais para estabelecer um texto e aumentar a percepção das imagens do sonho, o analista junguiano não deve parar por aí. Isso é apenas o primeiro passo da interpretação.

Outros indivíduos tendem a se apropriar principalmente da função pensamento em seus sonhos. Eles abordam os sonhos de forma abstrata, utilizando conceitos como ego, sombra, *anima*, *self*, compensação, entre outros. Quando eles consideram ter compreendido o sonho dessa maneira, sentem-se satisfeitos e acreditam ter concluído o trabalho de interpretação. Os tipos pensamento pulam imediatamente para a etapa da interpretação, a fim de ver como o sonho compensa a consciência, negligenciando os detalhes e deixando de realizar outras perguntas importantes que surgiriam por meio do sentimento e da intuição. Sobre essas duas abordagens, Jung escreve:

> Muitas vezes acontece que o paciente está bastante satisfeito em simplesmente registrar um sonho ou uma fantasia, especialmente se ele tem uma inclinação estética. Nesse caso, ele pode resistir a uma assimilação intelectual, pois isso parece ser uma afronta à realidade de sua vida psíquica. Por outro lado, existem aqueles que tentam compreender apenas com seus cérebros e desejam pular a etapa prática. Quando eles acreditam ter compreendido, pensam que já preencheram completamente sua cota de execução.[2]

A função sentimento introduz a questão do valor do sonho na vida do sonhador. Ela está relacionada à conexão sentimental do sonhador com o conteúdo do inconsciente. Essa função traz uma dimensão ética ao trabalho com sonhos, pois levanta questões sobre os valores que o sonho desperta para o sonhador. Curiosamente, Freud também enfrentou questões éticas importantes ao analisar seus próprios sonhos durante a construção de sua obra *A Interpretação dos Sonhos*. Ao refletir sobre seus sonhos, ele se tornou consciente de motivações profundas e impulsos sombrios que permaneciam inconscientes em sua vida desperta.

---

[2] C. G. Jung. *The Psychology of the Transference*, CW 16, par. 489.

Em geral, as pessoas têm a concepção de ética como uma questão de seguir códigos e regras de conduta em determinadas áreas da vida, como negócios, relacionamentos conjugais, política, entre outros. Cada profissão tem seus próprios códigos e regras éticas que orientam o comportamento adequado de seus membros, e infrações a esses códigos podem ser punidas pelos tribunais. No entanto, quando nos referimos aos valores despertados pela função sentimento, estamos nos distanciando dessa obediência a códigos objetivos de comportamento. Estamos trazendo consciência para a dimensão ética, onde a função sentimento desempenha um papel crucial.

Na formulação de Jung, a função sentimento é uma função racional que está relacionada aos valores. Trata-se de pensar com o coração, em vez da cabeça, como bem expressou Blaise Pascal: "O coração tem razões que a própria razão desconhece. [...] Sabemos a verdade não apenas pela razão, mas pelo coração". Jung escreve:

Para muitas pessoas, a ideia de ter uma *relação sentimental* com os conteúdos do inconsciente pode parecer estranha ou até mesmo ridícula. No entanto, o sentimento está intrinsecamente ligado à realidade e ao significado dos conteúdos simbólicos, e esses conteúdos impõem padrões éticos vinculativos aos quais o esteticismo e o intelectualismo tendem a se distanciar. Os alquimistas acreditavam que o *opus*, ou trabalho alquímico, exigia não apenas atividades laboratoriais, estudo de livros, meditações e paciência, mas também o elemento do amor. Hoje em dia, chamaríamos de "valores sentimentais" e a conquista por meio do *sentir*.[3]

O tipo sentimento é aquele que se baseia em valores, como justiça, compaixão, respeito pelos outros e autocompaixão. Ao utilizar a função sentimento na interpretação dos sonhos, surgem implicações éticas. Isso significa que não apenas apreciamos o sonho por sua beleza ou inteligência, mas também por sua mensagem ética e por seu significado prático em relação à forma de viver. A função sentimento contribui para a integração do significado prático do sonho.

No caso do sonho do anel de ouro mencionado anteriormente, a função sentimento consideraria como o sonhador precisa amadurecer dentro da relação implícita ao receber o anel, principalmente ao lidar com a problemática ética relacionada ao amor. O sonho oferece uma orientação vocacional, indicando uma direção para o desenvolvimento pessoal e a necessidade de considerar aspectos éticos em suas interações e escolhas.

Por fim, há também a função da intuição que precisa entrar em jogo ao considerarmos o significado de um sonho. Sobre este ponto, Jung escreve:

---

[3] *Ibid.*

A conquista do sentimento também não forma o estágio final. [...] O quarto estágio é a antecipação do *lapis philosophorum*. A atividade imaginativa da quarta função – a intuição, sem a qual nenhum desenvolvimento se completa – claramente é evidenciada nesta antecipação de uma possibilidade cuja realização nunca poderia ser objeto da experiência empírica. [...] A intuição oferece perspectiva e *insight*; ela se expõem no jardim de possibilidades mágicas como se estas fossem concretas. [...] Esta pedra angular complementa o trabalho em uma experiência da totalidade do indivíduo.[4]

A função intuitiva olha adiante em direção ao futuro e considera a questão de onde o sonho está trazendo uma provocação. Qual é a sua meta ao consideramos esta em termos psicológicos? Jung utiliza a frase "atividade imaginativa" para trabalhar com a função intuitiva. A imaginação ativa é empregada no sonho para carregá-lo até um espaço onde se possa considerar sua trajetória para o futuro desconhecido. Como é que esse sonho poderia se aplicar a várias situações da vida que são passíveis de experiência futura? A imaginação expande e amplia a gama de possíveis significados que o sonho pode ter para a vida do sonhador. Jung também emprega a frase "o jardim das

---

[4] *Ibid.*, par. 492.

possibilidades mágicas" como o lugar para o qual a intuição pode nos levar.

A série de sonhos em análise

Quando uma pessoa entra em análise, o analista perguntará ao analisando se ele ou ela tem algum sonho que deseja discutir. Além disso, o analista normalmente incentivará o cliente a manter um caderno ou diário dos sonhos à medida que a análise avança. É assim que uma série de sonhos começa a se constituir. Pode-se ver o resultado na série de sonhos de Wolfgang Pauli, que Jung interpreta em Psicologia e Alquimia. Conforme os pacientes se envolvem mais com a vida onírica e começam a registrar os sonhos regularmente, por vezes se lembram de sonhos passados, oriundos da infância ou de sonhos recorrentes que se repetiram inúmeras vezes, e estes também se tornam parte da série dos sonhos.

Dentro da análise, antes que uma série de sonhos surja, o analista recebe o que fora denominado de "sonho inicial". Este tipo de sonho é tratado com um particular interesse e respeito. Muitas vezes, quando se olha para trás e se analisa o curso de um caso, pode ser visto todas as principais temáticas e problemáticas apresentadas de forma resumida neste sonho inicial. Pode-se pensar no sonho inicial como um presente para o analista – ele está dizendo: "Aqui se encontra o material de nosso trabalho enquanto nos aprofundamos em sua psique". Sonhos que seguem o sonho inicial semana após semana, mês a mês e ao longo de toda a análise, formam o conteúdo constituinte da série de sonhos. Quando os analistas recebem sonhos durante as sessões, eles os colocam dentro de um contexto que abarca os sonhos anteriores. Depois de um tempo, os temas emergem e as figuras reaparecem, e a série mostra o processo de individuação do paciente que se desdobra durante esse período de tempo. Jung descobriu que os sonhos em série não apenas repetem exatamente as mesmas questões e resultados repetidamente, mas também sugerem progresso e desenvolvimento. Jung refletiu sobre este desenvolvimento como sendo instigado pelo instinto de individuação, algo que impele a psique a se desdobrar, integrar, desenvolver e tornar-se aquilo que potencialmente pode vir a ser.

Jung apresentou uma segunda e, poderíamos dizer, teoria suplementar sobre o inconsciente. A primeira teoria era que o inconsciente compensa a consciência, e em especial a unilateralidade da consciência. A segunda teoria é que o inconsciente tem uma meta, que ele chamou de "prospectiva". O inconsciente tem um direcionamento que visa o desenvolvimento da personalidade. Este é o instinto da individuação. Os sonhos facilitam esse processo. Os atos singulares de compensação estão a serviço do *telos* da psique, em suma, da plena realização do potencial.

PILAR QUATRO

Imaginação Ativa como Agente de Transformação

A importância da imaginação ativa na análise junguiana foi estabelecida por Jung e teve raízes em sua própria experiência pessoal. Ele descreveu esse momento de confronto com o inconsciente em seu livro *Memórias, Sonhos, Reflexões* no capítulo intitulado "Confronto com o Inconsciente". O título deste capítulo destaca o papel central da imaginação ativa na reconciliação da divisão entre a consciência do ego e a identidade de um lado, e as forças instintivas e arquetípicas do inconsciente do outro.

A história completa de como Jung se envolveu com a imaginação ativa em seu próprio confronto pessoal com o inconsciente é contada em seu livro *O Livro Vermelho: Liber Novus*, que foi publicado apenas em 2009, quase um século após sua concepção. Nesse livro, Jung registrou suas experiências profundas e suas explorações imaginais.

Na prática psicoterapêutica de Jung com seus pacientes, a imaginação ativa assumiu um papel central devido à sua eficácia como agente de transformação. Combinada com o trabalho dos sonhos dentro da análise, a imaginação ativa provou ser crucial para impulsionar o processo terapêutico e facilitar a jornada de individuação do paciente. A relação analítica, o *temenos* compartilhado entre o analista e o paciente, é o recipiente para esse processo de transformação e crescimento.

Para começar esta explanação sobre a imaginação ativa enquanto método de tratamento, uma breve descrição do que esta é nos será útil. A imaginação ativa é uma forma de engajar-se consigo e requer, portanto, a introversão intencional da energia psíquica. Na imaginação ativa, a direção da atenção do sujeito, seu foco, pensamentos e sentimentos se volta ao seu interior, para imagens que possam aparecer. A extroversão direciona a atenção de uma pessoa para o mundo ao seu redor, já a introversão, para o mundo interior. Normalmente, a maior parte do dia de uma pessoa é despendida no modo extrovertido, se ocupando das coisas pertinentes do mundo ao redor. Mas, de vez em quando, isso muda. Se você for a um concerto, por exemplo, e escutar atentamente a música com toda sua atenção, o que você está percebendo na verdade são as vibrações no ar que estão entrando em seus ouvidos e sendo traduzidas em ondas cerebrais. Sua atenção está concentrada nos sons que estão vindo até você do lado de fora. Às vezes, no entanto, quando está ouvindo música, você pode começar a enxergar imagens por meio de imagens mentais, no seu mundo interior, ou talvez veja determinadas cores ou algumas formas em movimento. Isso se chama sinestesia. Ou, ainda, você pode começar a acessar imagens mentais de uma paisagem ou de pessoas que conhece. Se começar a prestar atenção ao que está acontecendo em sua mente, você está gerando uma mudança da extroversão para a introversão. A extroversão é escutar os sons, e a introversão é perceber como estes sons o afetam. No seu mundo interior, a música está a criar emoções, imagens ou pensamentos.

É verdade que sonhar é uma experiência de introversão, em que nos imergimos completamente no mundo interior da psique. Durante o sonho, somos transportados para um reino de pura representação, onde imagens, emoções e narrativas se desdobram diante de nós. Nesse estado, podemos experimentar uma realidade interior vívida e imersiva.

Em algumas correntes filosóficas, argumenta-se que nossa experiência do mundo exterior é puramente uma construção mental, e que só temos acesso direto ao nosso mundo interior. Na psicologia, entretanto, geralmente aceitamos que nossos sentidos e funções mentais nos fornecem uma impressão, embora talvez não totalmente precisa, de um mundo externo. Reconhecemos a distinção entre o mundo interior e o mundo exterior, embora também reconheçamos que esses dois estão interconectados e influenciam um ao outro. A projeção é um fenômeno psicológico que ocorre quando atribuímos nossos conteúdos internos a objetos ou pessoas externas.

A imaginação ativa é um método deliberado de direcionar nossa atenção para dentro, a fim de nos envolvermos com a subjetividade mais profunda da psique, enquanto ainda permanecemos em um estado de vigília. É um processo semelhante à meditação, em que nos permitimos explorar conscientemente as imagens, emoções e narrativas que emergem em nossa mente. Ao se envolver com a imaginação ativa, podemos acessar a riqueza de nossa vida interior, explorar símbolos pessoais e coletivos, confrontar questões e complexos inconscientes, além de buscar *insights* e transformação pessoal.

A prática da imaginação ativa pode ser uma forma poderosa de autorreflexão, autoexploração e crescimento pessoal. Ela nos permite ir além da superfície de nossa consciência cotidiana e nos conectar com os aspectos mais profundos e autênticos de nós mesmos.

Podemos estabelecer algumas comparações entre o sonhar e a imaginação ativa. Embora sejam semelhantes no uso de imagens e histórias, a principal diferença é que a imaginação ativa ocorre enquanto o sujeito está acordado e plenamente consciente, o que lhe confere um maior controle sobre o processo. Enquanto sonhamos, estamos engajados no pensamento do cérebro por meio de imagens e narrativas, em contraste com o pensamento lógico. A imaginação ativa segue uma lógica semelhante, em que as imagens e histórias são utilizadas em vez do pensamento direcionado. Nos sonhos, mencionamos a presença de um ego-sonhador, que pode participar ativamente ou passivamente na narrativa onírica. Na imaginação ativa, o sujeito-ego também pode assumir um papel ativo ou passivo, mas isso ocorre por escolha. O sujeito pode optar por se envolver ativamente no drama imaginado ou escolher ser um observador discreto, mas mesmo nessa observação, o sujeito é ativo, pois a escolha é feita de forma consciente e não apenas por uma observação passiva, como ocorre em um devaneio. Quando Jung aborda a imaginação ativa, ele enfatiza a palavra "ativa" para distingui-la da fantasia passiva. Ambas as palavras na expressão "imaginação ativa" são importantes, pois se refere tanto à imaginação quanto à atividade, e não à passividade.

A descoberta da imaginação ativa de Jung

Nos é útil olhar para a história e o desenvolvimento da imaginação ativa e como Jung encontrou esse método, e utilizou-o para si mesmo, aplicando-o depois em seu trabalho clínico com pacientes. Pouco antes de Jung romper sua relação com Freud, ele escreveu um livro intitulado *Transformações e Símbolos da Libido*, que mais tarde, em uma versão revisada, tornou-se *Símbolos da Transformação*, volume 5 de suas *Obras Completas*. Nesse livro, Jung discutiu e analisou uma série de fantasias de uma jovem chamada Frank Miller, uma americana que estava viajando pela Europa por um certo período de tempo. Jung se interessou por esse material, que ele havia encontrado publicado em uma revista suíça. Depois desse encontro ele realizou uma grande quantidade de pesquisas sobre o fundo psicológico dessas fantasias. Basicamente, ele ampliou as imagens da srta. Miller empregando mitologias de muitas diferentes tradições e partes do mundo. Jung também estudou um amplo espectro de literatura para conseguir amplificar os significados mais profundos dessas fantasias passivas que Frank Miller produziu em seu diário.

No primeiro capítulo de *Transformações e Símbolos da Libido*, Jung escreve sobre dois tipos de pensamento, o pensamento fantástico e o pensamento dirigido. O pensamento fantástico se tratava do que ele descobriu no diário de Miller, enquanto que o pensamento dirigido é aquele mais lógico, racional e científico – como o que Jung usou para discorrer sobre esse próprio material. Carl Jung fora treinado como um cientista e um médico, considerando isso, quando ele começou sua pesquisa, presumiu que o pensamento dirigido era muito superior ao pensamento fantástico. O pensamento fantasia era considerado imaturo, como o que as crianças usam ao brincar. Elas brincam com brinquedos e inventam histórias, fingem que são um personagem diferente delas mesmas e, em geral, se envolvem em um pensamento fantástico. Normalmente, isso é visto como pueril em comparação com o pensamento dirigido e lógico dos adultos. Jung pode a partir de então refletir mais sobre o significado das fantasias e as estudou dentro de uma perspectiva psicológica mais profunda, da qual ele mais tarde chamaria de perspectiva arquetípica. Jung chegou a uma nova apreciação e, de fato, tornou-se fascinado pelo pensamento fantástico à medida que começava a compreender seu maior grau de complexidade. Na verdade, este nível expressa um tipo de verdade que o pensamento dirigido não é capaz de alcançar, uma verdade psicológica.

Pouco depois da publicação desse livro, Jung e Freud deram fim à relação pessoal que mantinham, e Jung renunciou a seus cargos na Associação Psicanalítica Internacional. O psiquiatra suíço afirma em *Memórias, Sonhos, Reflexões* que naquele momento de sua vida (ele tinha entre 37-38 anos), se sentia desorientado e não sabia qual direção tomar em sua vida e em sua carreira profissional. Jung sabia que o pensamento dirigido e procurar descobrir algo de forma racional não seria de grande ajuda. Visto isso, Carl Jung decidiu tentar realizar um experimento e fazer o que a srta. Miller havia feito, ou seja, em larga medida brincar, e se deixar envolver com o pensamento fantástico. Como seria conseguir pensar e ao mesmo tempo não se apropriar da função do pensamento dirigido (que tem uma natureza egoica), para ser capaz de resolver um problema de uma maneira que não seja racional? Essa foi sua primeira pergunta. Este experimento tornou-se uma grande virada de chave que Jung não havia antecipado. Ele descobriu a imaginação ativa como um agente de transformação. Ele havia se preparado para descobrir por conta própria o que de fato significava pensar com o uso da imaginação, e deste modo acabou por se descobrir.

Esse experimento foi precedido por uma série de sonhos importantes que Jung teve nos meses que antecederam seu experimento de imaginação ativa. Ele supôs que, utilizando sua imaginação, poderia descerrar o significado desses sonhos que não havia sido capaz de interpretar por meio de métodos racionais. Jung começa a história lembrando um sonho que teve cerca de um ano antes de iniciar este experimento de fantasia. No sonho, ele está sentado em uma mesa redonda em sua casa, quando de repente, um pássaro branco entra na sala, repousa na mesa e magicamente se transforma em uma menina. Jung se vê fascinado. Ela é muito cativante, e então ele fala com ela. Após esse momento, de repente, ela se transforma em um pássaro branco e voa pela janela, desaparecendo. Quando Jung pergunta a alguém no sonho: "Para onde foi a garotinha? Onde ela mora, e aquele pássaro branco?" A resposta ressoou: "Ela vive na terra dos mortos". Carl Jung não entendeu o que isso significava. Afinal, quem é essa menina que também é um pássaro? Aonde fica a terra dos mortos? O que tudo isso significaria?

Um ano depois, em novembro de 1913, Jung tomou a decisão de passar um certo tempo em seu escritório todas as noites após seu dia de trabalho e o jantar em família na comuna de Küsnacht. Ele reservou um tempo específico para assentar-se em seu escritório e se concentrar nesse experimento, empregando o pensamento fantasia para ver aonde este o levaria. Jung iniciou o experimento dando maior abertura a sua mente, e após essa preparação, em sua imaginação, entoou pela janela que dava de cara ao Lago Zurique: "Minha alma, onde está você? Você me escuta? Eu converso, eu a clamo – você se encontra aí? Eu retornei. Estou novamente aqui. Eu sacudi a poeira de todas as terras que estava em meus pés e vim até você. Estou com você. Após longos anos e longas andanças, me volto à você novamente".[1]

E então ele simplesmente sentava lá, talvez por uma ou duas horas todas as noites por um período de diversos meses seguidos, deixando que sua imaginação explorasse o mundo interior que se abria diante dele. Ele queria encontrar "a terra dos mortos", sua alma, as profundezas ocultas da psique. Sua imaginação o levou a descobrir por si mesmo as respostas que procurava. A imaginação ativa é uma experiência, e o conhecimento que é adquirido através da utilização deste método é o que pode ser chamado de Gnose.

No começo, o caminho para dentro era demasiado lento e difícil para Jung. Por várias noites seguidas nada acontecia ou aparecia em sua imaginação. Ele aguardava um tanto ou quanto impacientemente. Durante esse período, como o próprio Jung escreveu em seus cadernos (os Livros Negros), era como se ele estivesse no deserto – seco e estéril – e nada aparecia quando clamava por sua alma. Não havia qualquer espécie de atividade. Felizmente, ele persistiu e

---

[1]   C.G. Jung. *The Red Book: Liber Novus*, Reader's Edition, p. 127.

continuou o aguardo. Finalmente, uma figura a quem ele chamou de sua alma conversa com ele. Somente na 12ª noite, Jung escreve: "O espírito das profundezas abriu meus olhos e eu tive um vislumbre dos assuntos internos, do mundo da minha alma".[2] Era uma questão de resiliência, assim como viajar pelo deserto.

Olhando ao redor neste espaço de sua própria imaginação, ele se encontra no chão de uma caverna, até o tornozelo em lama. Agora ele poderia se tornar ativo explorando o interior da caverna. Este é o começo de sua imaginação *ativa*. Enquanto Jung olha ao redor, ele percebe uma pedra vermelha luminosa sentada em cima de uma rocha. Ele se aproxima para dar uma olhada mais de perto e, ao fazer isso, começa a ouvir vozes em grito esganiçado. Enquanto ele pega o cristal com sua mão, Jung vê um buraco na rocha e entrevê o Submundo. Ele escuta um fluxo de água correndo fundo sob a superfície da caverna. Jung se surpreende com os sons e imagens e fica espantado com o que está acontecendo em sua imaginação. (A surpresa é uma característica muito importante da imaginação ativa – algo acontece que o sujeito não esperava. O ego não está no comando, e as imagens inconscientes demonstram autonomia.) Enquanto Jung olha para as profundezas, ele vê algo muito perturbador: a cabeça sangrenta de um homem, e um cadáver boiando na água. Jung então vê um grande escaravelho escuro e um sol

---

[2] *Ibid.*, p. 147.

radiante brilhando através das águas escuras. O sangue de repente começa a derramar para fora do buraco. Jung não tinha ideia do que essa experiência significava ou de como deveria interpretá-la. Ele simplesmente fez um registro em seu diário, anotando tudo o que viu, pensou e sentiu. Mas o significado não estava claro para ele. No entanto, considerando seus estudos de mitologia, ele sabia que isso fazia parte do processo que é classicamente chamado de Nekyia, uma jornada ao Submundo. O paralelo entre a descida psicológica ao inconsciente usando a imaginação ativa e os relatos mitológicos da jornada ao Submundo é evidente.

Ao nos debruçarmos sobre o *Liber Novus*, é importante ter em mente que Jung embarcou em sua jornada sem que tivesse um profissional, um guia para orientá-lo ou lançar luz sobre o significado do processo que estava vivenciando. Ele se encontrava em grande parte sozinho e, por vezes, preocupava-se com os possíveis desdobramentos desse experimento. Surgiam questionamentos em sua mente: será que posso ter um colapso mental? Será que corro o risco de desenvolver um quadro esquizofrênico? Esses questionamentos o agitavam e o assombravam.

Enquanto psiquiatra experiente, Jung tinha uma compreensão pessoal de como uma doença mental se manifestava. Ao refletir sobre isso, ele se preocupou com a possibilidade de uma psicose latente as espreitas dentro de seu inconsciente, pronta para romper as barreiras de sua consciência egoica e deixá-lo temporariamente incapacitado.

Jung havia presenciado pacientes em hospitais psiquiátricos que experimentavam fantasias semelhantes às que ele mesmo vivenciava dentro de seu escritório e estudos. Essa era uma preocupação considerável que o assombrava.

No entanto, apesar dessas inquietações, Jung decidiu avançar e continuar sua exploração, mesmo na ausência de um guia profissional ou um entendimento claro do processo que estava enfrentando. Ele estava disposto a enfrentar os desafios e as incertezas em busca de um maior conhecimento de si mesmo e da psique humana como um todo. Essa coragem e disposição para se confrontar com os aspectos sombrios e desconhecidos da psique são características marcantes de Jung, demonstrando seu compromisso com o processo de individuação e desenvolvimento pessoal.

No final, a jornada de Jung pela imaginação ativa não apenas o levou a uma compreensão mais profunda de si mesmo, mas também enriqueceu sua teoria e prática clínica, contribuindo para o desenvolvimento da psicologia analítica. Sua experiência pessoal e sua coragem de enfrentar os desafios oriundos dos processos psíquicos são testemunhos de sua incansável busca por conhecimento e devoção à compreensão da natureza humana.

Por outro lado, Jung sentia uma satisfação ao perceber que sua imaginação estava em pleno vapor. Ele reconhecia que algo significativo ocorria e se surpreendia com os resultados de sua empreitada. Sua imaginação estava se tornando cada vez mais interessante e animada. Diante dessas experiências, Jung refletiu sobre suas opções e tomou a decisão consciente de continuar conduzindo seu experimento. Ele estava determinado a explorar as profundezas de sua psique e descobrir os tesouros que a imaginação ativa poderia revelar.

Uma semana após sua visita à caverna, Jung se deparou com uma cena extraordinária: duas figuras misteriosas apareceram diante dele. Uma, um ancião que se assemelha à um dos antigos profetas, já a outra, uma bela jovem cega. Ambas estão acompanhadas por uma serpente negra. Esse encontro marca o início de uma fascinante narrativa que se desenvolve ao longo das subsequentes conversas e interações. O ancião se apresenta como Elias e a jovem como Salomé. Jung fica perplexo com essa revelação e se entrega a uma série de cinco sessões de imaginação ativa, ocorridas entre os dias 21 e 25 de dezembro de 1913.

Durante essas sessões, Jung descobre que tanto Elias quanto Salomé habitam a Terra dos Mortos, o mesmo território do qual a jovem em seu sonho anterior parecia pertencer. Esse território é o que Jung mais tarde chamaria de "o inconsciente" em seus escritos teóricos sobre a psicologia. É a fonte de onde os mitos emergem. Fascinado com essa descoberta, Jung se entrega à exploração de seu próprio mito pessoal, continuando a desvendar os mistérios do inconsciente.

Salomé e Elias são figuras simbólicas que representam aspectos arquetípicos presentes na psique coletiva. Embora sejam personagens bíblicos e tenham existido no passado histórico, no contexto da imaginação ativa de Jung, eles são vivos e ativos na Terra dos Mortos, em um reino simbólico do inconsciente. A descoberta de Jung é que o passado cultural e histórico ainda está presente e influencia a psique humana, tornando-se parte do inconsciente coletivo.

Dentro do inconsciente, o tempo não segue a mesma lógica linear da consciência. Passado, presente e futuro coexistem simultaneamente. Essa dissolução temporal permite a interação de Jung com figuras do passado em sua imaginação ativa, enquanto ele mesmo continua sendo o homem europeu do século XX, quem de fato ele é. Jung mantém sua identidade e personalidade, mas ao mesmo tempo se engaja com atitudes e pontos de vista distintos daqueles que são conscientes em sua vida desperta.

Ao longo do *Liber Novus*, testemunhamos o processo de transformação tanto de Jung quanto das figuras com as quais ele interage. Esse diálogo e interação entre diferentes partes da psique resulta em uma evolução gradual e uma profunda mudança. É um processo de transformação mútua, onde cada parte da psique é afetada e influenciada pelas outras, levando a uma integração mais completa do *self*.

Após um período de profunda reflexão sobre o significado de sua experiência interna, Jung decidiu registrar e dar forma à narrativa encontrada em sua imaginação ativa, resultando no que hoje conhecemos como o *Livro Vermelho*, ou *Liber Novus*. Além de explorar o significado psicológico em sua esfera pessoal, Jung introduziu a prática da imaginação ativa como um método terapêutico para seus próprios pacientes.

Em 1916, cerca de três anos após o início de seu experimento, Jung apresentou um artigo intitulado "A Função Transcendente" aos seus alunos e colegas no Clube de Psicologia. Nesse artigo, ele descreveu a prática da imaginação ativa e destacou seu papel na construção de uma ponte entre a consciência do ego e o inconsciente. "A Função Transcendente" se refere à capacidade de elevar-se acima do abismo que separa esses dois aspectos da psique.

Através da função transcendente, a mente consciente é capaz de ir além dos limites do pensamento racional dirigido e estabelecer uma conexão com uma esfera mais profunda da psique, proporcionando um conhecimento intuitivo, ou "gnóstico". Jung reconheceu que o pensamento dirigido não era capaz de estabelecer essa conexão entre o ego e o inconsciente. Embora a análise psicológica possa estudar os efeitos do inconsciente na consciência, a imaginação ativa permite uma exploração mais profunda, expandindo os limites da consciência e conduzindo o indivíduo ao que Henry Corbin chamou de *Mundus Imaginalis* – uma dimensão inspiradora e expansiva da imaginação ativa.

Imaginação ativa dentro da psicanálise junguiana

Tente imaginar encontrar Jung para iniciar sua análise, imagine-se adentrando seu escritório e conhecendo-o. Na primeira sessão, você compartilha sua história, lista suas queixas e problemas, enquanto Jung o escuta com atenção, por mais que não se pronuncie muito. No final da sessão, ele encoraja-o a realizar duas atividades anteriores ao próximo encontro: registrar seus sonhos e começar a pratica da imaginação ativa. Se ele lhe dissesse isso, você estaria sendo elogiado, seria um indicativo que Carl Jung reconhece em você a capacidade de se envolver com o trabalho interno. Jung teria realizado uma rápida avaliação de sua estabilidade e capacidade psicológica. Essa orientação seria um sinal de que você está pronto para embarcar em um período extraordinário de realização introspectiva ao longo de sua análise.

Caso estivesse em análise com Jung, você se encontraria imerso em um trabalho intensivo ao longo da semana após as sessões. Esse processo não se limitaria apenas às sessões em si; isso se constituiria em um trabalho contínuo e profundo ao longo do tempo. Jung adotou essa abordagem com a maior parte de seus pacientes durante a segunda fase de sua carreira. Seus pacientes, em geral, eram pessoas mais maduras, muitas já se encontravam na segunda metade da vida. Ao adotar esse tipo de abordagem, Jung pressupôs que você já tivesse realizado o trabalho necessitado à primeira metade da vida: construção de uma *persona*, desenvolvimento de uma vida independente e o fortalecimento egoico. Ele presumiria que você já galgou essas etapas.

Muitos dos pacientes que trabalharam com Jung de forma intensiva viajaram para Zurique e passaram alguns meses em análise com ele antes de retornarem para seus países de origem. Durante esse período, se esforçavam imensamente para aprofundarem-se em seu mundo interior, estabelecendo contato com figuras do inconsciente, assim como trabalhando com seus sonhos e se envolvendo na prática da imaginação ativa. Era um momento especial em suas vidas, no qual Jung os ajudava e os guiava na descoberta de suas profundidades interiores.

Uma vez que os pacientes de Jung estavam avançados na prática da imaginação ativa e no trabalho com seus sonhos, eles poderiam continuar essas atividades mesmo sem estar em análise. Após deixarem a Suíça e voltarem para suas casas, tinham a capacidade de dar continuidade ao trabalho iniciado com Jung. A prática da imaginação ativa os ajudou a se tornarem independentes do analista, facilitando um processo contínuo de autoexploração. Eles desenvolveram habilidades e a capacidade de estabelecer uma relação criativa e frutífera com seu inconsciente por intermédio de uma forma autônoma.

Normalmente, os pacientes de Jung iniciavam a prática da imaginação ativa durante suas sessões com ele e, posteriormente, continuavam a fazê-la ao longo de suas vidas, ocasionalmente retornando para a revisão de suas experiências com o analista. Jung acreditava que aprender a realização da imaginação ativa os libertava da transferência e da dependência em relação a ele enquanto analista. Isso permitia que os interessados prosseguissem com seu trabalho interior de modo independente, mesmo quando não estivessem ativamente em análise com o próprio Jung.

Joseph Henderson, um americano, veio para Zurique na década de 1920 e trabalhou com Jung por um período de tempo. Após concluir seu treinamento, que ocorreu entre Zurique e Londres, Henderson se estabeleceu em São Francisco, cidade da qual mais tarde fundou o Instituto C. G. Jung junto com seu amigo e colega Joseph Wheelwright. Em uma conversa, Henderson compartilhou comigo um pouco de sua experiência em Küsnacht, onde Jung residia.

Henderson ficou hospedado em um hotel próximo à casa e ao escritório de Jung. Ele costumava caminhar até a residência de Jung algumas vezes por semana para suas sessões. Nas manhãs, antes das sessões, Henderson observava as pessoas sentadas no terraço do hotel, trabalhando com seus sonhos e realizando a imaginação ativa. Ele explicou que era possível identificar quem estava trabalhando com Jung com base nessas atividades. Se alguém estivesse escrevendo em seu diário, pintando um quadro ou mesmo com os olhos fechados, claramente envolvido na prática da imaginação ativa, era um paciente de Jung. Essas pessoas estavam se preparando para suas sessões analíticas à tarde ou à noite com o mestre.

Henderson enfatizou que era impensável trabalhar com Jung sem se envolver na prática da imaginação ativa. Essa metodologia era considerada fundamental na análise com o psiquiatra.

Foi assim que a imaginação ativa se tornou um dos quatro pilares da psicanálise junguiana. É fundamental para o trabalho de estabelecer contato com o inconsciente, construir a função transcendente e criar uma ponte entre as partes conscientes e inconscientes da psique.

Jung aborda vários casos clínicos em suas obras completas e seminários publicados, que envolvem extensivamente o uso da imaginação ativa. No *Seminário Visões*, ele analisa o material de imaginação ativa de Christiana Morgan, uma americana que passou por sessões com ele na década de 1920 e mais tarde colaborou com Henry Murray na criação do Teste de Apercepção Temática (TAT). Em seu livro *Psicologia e Alquimia*, Jung dedica uma parte significativa à análise dos sonhos e imaginações ativas do físico Wolfgang Pauli, que procurou Jung para análise na década de 1930. Além disso, Jung publicou um ensaio de importância intitulado "Estudo Empírico do Processo de Individuação", que aborda as pinturas e os processos de imaginação ativa da dra. Kristine Mann, uma psiquiatra americana que estudou com Jung na década de 1920 e continuou esse estudo periodicamente até sua morte na década de 1940.

Como exemplo dos efeitos terapêuticos da imaginação ativa, o caso de Wolfgang Pauli é instrutivo. Pauli, que era professor no Instituto Federal de Tecnologia de Zurique, procurou Jung para análise a pedido de seu pai, que sugeriu que consultasse com Jung para lidar com seus problemas pessoais. Em vez de Jung assumir diretamente o caso, ele encaminhou Pauli para a dra. Erna Rosenbaum, uma de suas alunas, considerando a proximidade de suas posições acadêmicas e os desafios particulares que Pauli enfrentava dentro de seus relacionamentos com as mulheres. Pauli passou cerca de nove meses em análise com Rosenbaum, durante os quais teve uma série impressionante de sonhos e imaginações ativas, que compartilhou com Jung para fins de pesquisa. Após essa fase, Pauli continuou seu trabalho com Jung por cerca de dezoito meses, mas a dinâmica de sua relação mudou, passando a ser baseada em correspondências e encontros ocasionais para discutir assuntos teóricos e, ocasionalmente, seus próprios sonhos.

Cerca de dezoito anos depois, em 1953, Pauli escreveu um artigo intitulado "The Piano Lesson", que consistia em uma imaginação ativa de aproximadamente dez páginas. Nessa imaginação ativa, o físico conseguiu criar um equilíbrio e uma harmonia entre suas duas partes. Utilizando a metáfora do piano, ele expressou a união entre sua brilhante inteligência racional e científica e sua vida emocional, sua "alma do mundo" e o inconsciente. O funcionamento conjunto das teclas brancas e pretas do piano representava a criação de uma única peça musical. Podemos dizer que, por meio do uso da imaginação ativa e do trabalho com seus próprios sonhos, Pauli alcançou um nível significativo de equilíbrio e integração dos opostos. Essa harmonia interior desempenhou um papel crucial em sua vida e em seu trabalho.

Jung considerou os sonhos e o material da imaginação ativa de Pauli extremamente fascinante, uma vez que Wolfgang Pauli era um homem de imenso talento, dedicado a registrar minuciosamente seus sonhos e o trabalho excepcional com suas imagens e visões. O físico engajou-se profundamente na prática da imaginação ativa, conforme demonstrado pelos registros históricos. No caso de Pauli, podemos observar como os sonhos e as imaginações fluem em conjunto e em direção clara e constante à síntese da psique e ao desenvolvimento de uma função transcendente, como descrita por Jung. Uma das percepções que Pauli adquiriu por meio de sua análise foi o impacto terapêutico que esse trabalho proporcionou em sua vida. Ao se permanecer em contato com seu próprio inconsciente, a observação de seus sonhos e o exercício da imaginação ativa, o cientista passou a sentir-se emocionalmente estável, enriquecido e equilibrado. Wolfgang Ernst Pauli continuou esse trabalho ao longo de toda sua vida.

A dra. Kristine Mann apresenta um caso complementar interessante. Ela era uma americana que buscou análise com o dr. Jung na década de 1920, quando tinha aproximadamente 55 anos. Mann era uma psiquiatra solteira e talentosa, com um consultório na agitada metrópole de Nova York. No entanto, sentia-se estagnada em sua vida e buscava uma abordagem diferente para trabalhar seu inconsciente. Mann procurou Jung com a esperança de encontrar uma saída e continuar seu processo de individuação. Durante seu período de análise com Jung, Kristine Mann produziu cerca de 20 pinturas, que foram discutidas por Jung em seu ensaio intitulado "Estudo Empírico do Processo de Individuação", publicado após a morte da psiquiatra americana em questão. Essas pinturas fornecem um valioso material para a compreensão do processo de individuação e do trabalho terapêutico com a imaginação ativa.

A primeira imagem que Mann levou a Jung durante sua análise retratava uma mulher presa entre rochas. Na segunda imagem, um raio libertava um pedregulho das rochas, simbolizando a libertação e a liberdade diante da opressão. Mann praticava a imaginação ativa através da pintura, usando um pincel para dar forma às imagens em uma superfície visível, em vez de mantê-las apenas em sua imaginação. Quando apresentava essas telas a Jung, eles as discutiam como produtos da imaginação ativa. Mann compartilhava com Jung o significado pessoal dessas imagens e como elas surgiram para ela. Em um determinado momento, a médica decidiu não seguir mais a "razão" e permitiu que seus "olhos" guiassem o processo, revelando assim várias surpresas por meio das imagens emergentes.

A série de imagens que Mann produziu durante seu trabalho com Jung por aproximadamente dez anos representa o seu próprio processo de individuação por meio de imagens. Mesmo após o retorno a Nova York, ela continuou com a pintura. A cada verão, Mann retornava à Suíça e voltava ao seu trabalho com Jung por várias semanas seguidas. Ao longo de cerca de vinte anos, Kristine Mann criou uma coleção de belas imagens, muitas delas na forma de mandalas. Jung observou em seus comentários que o processo de individuação de Mann progredia gradualmente através das formas materializadas em suas pinturas de imaginação ativa. Kristine Mann explorou diferentes cores e formas, especialmente por meio do uso de expressões abstratas, como em seu estilo particular de imaginação ativa, e esse processo provou-se profundamente transformador para ela.

Precauções para o uso da imaginação ativa na análise

Existem várias precauções que um analista deve tomar antes de introduzir a imaginação ativa a um paciente. É essencial ter consciência da condição psicológica da pessoa em análise e realizar uma avaliação cuidadosa de seu nível de desenvolvimento e de possíveis psicopatologias. A imaginação ativa pode ser um método poderoso e, às vezes, perturbador, pois estimula o inconsciente, e as imagens que emergem podem ser desconfortantes, ao exemplo do *Liber Novus* de Jung. Se o ego do indivíduo não for suficientemente forte para lidar com os efeitos liberados e trabalhar com as imagens à medida que surgem, o paciente pode ficar sobrecarregado, o que Jung chamou de "psicose latente". Os analistas, em geral, trabalham com seus pacientes por um período de tempo antes de decidirem se é apropriado introduzir a imaginação ativa como método. Em alguns casos, esse método pode ainda nunca ser utilizado, seja devido a uma psicopatologia presente, à falta de desenvolvimento egoico adequado ou mesmo devido às circunstâncias específicas da vida do paciente naquele momento.

Uma regra importante na aplicação da imaginação ativa é evitar o uso de pessoas conhecidas enquanto personagens deste tipo de prática. Em outras palavras, não é aconselhável realizar a imaginação ativa com alguém que se conhece, como um amigo, colega ou ente querido. Isso pode ter efeitos imprevistos. Utilizar a imaginação ativa dessa maneira seria um uso indevido, tentando influenciar outras pessoas por meio de uma "intervenção mágica" desconhecida por elas. Essa prática viola os limites éticos e comportamentais em relação aos outros. Se por acaso uma pessoa conhecida surgir durante o exercício da imaginação ativa, é recomendável encontrar uma figura substituta para ela, que sirva como um representante de uma figura interior que se assemelhe a esta. Por exemplo, se o sr. Z, que acredito ser desagradável, aparecer em minha imaginação ativa, reconheço sua presença e procuro encontrar um personagem imaginário semelhante que represente aquelas mesmas qualidades sombrias. Dessa maneira, posso prosseguir e dialogar com essa representação.

Tipos de imaginação ativa

Há uma variedade de modalidades que podem ser empregadas na imaginação ativa. As instruções que se encontram abaixo podem ser tidas como clássicas: você cria um espaço acessível em sua mente, espera pelo que quer que venha, caso algo se mova, siga isto. Esses passos continuam assim por diante. Essa é a forma clássica da imaginação ativa, desenvolvida por Jung. Depois dela, há a modalidade que Kristine Mann utilizava: desenho e pintura. Vale dizer que outras pessoas empregam a modelagem de argila ou a escultura. Há ainda, a imaginação ativa pelo movimento, onde o corpo lidera o sentido na imaginação ativa. Isto é praticado por alguns analistas junguianos e é denominado como "movimento autêntico". E é claro, temos também o *sandplay*, que é praticado por muitos terapeutas ao redor do mundo. Para essa expressão, coloca-se objetos em miniatura dentro de uma bandeja de areia e cria-se uma cena da qual uma narrativa emerge.

Pontos de partida para a imaginação ativa

A imaginação ativa pode ser iniciada de várias maneiras. Uma delas é por meio de um sonho. Se um sonho não estiver completamente resolvido ao acordar, se houver algo no sonho que a pessoa queira explorar mais ou se houver uma figura onírica com a qual queira se envolver mais, a imaginação ativa pode ser utilizada para dar continuidade ao sonho.

Outro modo de despertar a imaginação ativa é através de um estado de humor ou sentimento. Por exemplo, se você fosse criar um filme que representasse esse sentimento, sobre o que seria e qual papel você desempenharia nele? Ao começar com um sentimento ou humor específico, você pode imaginar-se sozinho à beira de um lago e então alguém se aproximando de você – você pode então iniciar um diálogo com essa pessoa.

Essas são apenas algumas das maneiras de iniciar a prática da imaginação ativa. A chave é estar aberto para explorar as imagens e os diálogos que surgem, permitindo que a imaginação assuma seu curso natural e revelando assim *insights* e significados profundos.

Algumas dicas para praticar a imaginação ativa

Para começar, há um ponto de partida, uma primeira sessão. É preciso criar um espaço mental silencioso e disponível para a imaginação. Como já indiquei, imaginação ativa não se trata de ter um devaneio ou de simplesmente cair dentro de uma fantasia que aparece na consciência. A imaginação ativa é um empreendimento deliberado, e é necessário que o indivíduo em questão se prepare para isso. Comece reservando 30 minutos em um local físico livre de distrações externas: nada de chamadas telefônicas, mensagens, conversas.

Dica nº 1: Deixe acontecer!
(Geschehenlassen, Wu Wei)

A primeira regra é simples: Deixe acontecer. Em alemão, a palavra para descrever esse tipo de atividade é o verbo, *geschenlassen*. Quando Jung estudou e comentou sobre o texto alquímico chinês *O Segredo da Flor de Ouro*, ele descobriu que existe um equivalente na língua chinesa: *wu wei*. É um tipo de passividade ativa: ativa no sentido de que é uma escolha feita pelo sujeito acordado (o ego), passiva por significar "não fazer nada, esperar." Essa é a primeira instrução que Jung recebeu de sua alma. Ela sussurrou para ele, "Aguarde." É uma instrução simples, no entanto pode ser agonizante segui-la: "Eu escutei a cruel palavra. A tormenta pertence ao deserto,"[3] Jung descreve em *Liber Novus*.

Primeiramente, é necessário ter paciência e esperar por um período considerável até que algo comece a acontecer em sua imaginação. Não é fácil esvaziar a mente agitada dos pensamentos que nos preocupam. Requer disciplina. Pensamentos indesejados continuam surgindo, e é um desafio deixá-los passar. A ideia é criar uma tela em branco na mente, onde não estamos pensando em nada, vendo nada, sentindo nada – é simplesmente um espaço vazio. Em algumas práticas meditativas, isso é considerado o objetivo final. Para a imaginação ativa, é o começo – um pré-requisito.

---

[3] *Ibid.*, p. 141.

Para que isso seja feito, é importante que seu corpo esteja relaxado. Em algumas práticas de meditação, as pessoas se sentam em uma almofada com as pernas cruzadas ou dobradas. Também é possível praticar a meditação andando. O objetivo principal é acalmar a mente consciente, esvaziá-la das preocupações e pensamentos cotidianos. Quando complexos, preocupações ou pensamentos surgirem, basta deixá-los ir embora e abrir espaço. Isso é o que vemos Carl Jung fazer no início do *Liber Novus*. Simplesmente espere pacientemente que algo apareça, sem forçar ou tentar invocar uma imagem. Esse é o começo de uma sessão de imaginação ativa. Mais adiante, haverá uma mudança na forma de iniciar uma sessão, mas no início, comece com o vazio.

A dra. Marie-Louise von Franz, que foi uma das excelentes alunas de Jung e que também escreveu vastamente sobre a imaginação ativa, incluindo uma obra intitulada *Alquimia e a Imaginação Ativa*,[*] uma vez contou a história de um paciente a quem ela aconselhou realizar um pouco de imaginação ativa. Ela ofereceu a ele as instruções básicas, conforme descrito acima, e quando o paciente veio até ela para sua sessão na semana seguinte, ela perguntou: "Você realizou o exercício?". Ele respondeu: "Eu tentei, mas nada aconteceu. Nada veio a mim. Eu não vi nada". Ela sugeriu que ele tentasse novamente na semana seguinte: "Faça a mesma coisa. Limpe sua mente, crie um espaço vazio e aguarde. Veja o que vem até você". Na

---

[*] Publicada pela Editora Cultrix, São Paulo, 2ª ed., 2022.

semana seguinte, o relato foi o mesmo. O paciente explicou que tentou fazer a imaginação ativa e se sentou em silêncio por meia hora. Ele aguardou, limpou sua mente, mas nada veio. Isto continuou por semana após semana, e sempre dava na mesma história. Ele era um homem muito paciente, e então continuou fielmente a tentativa. De repente, em uma determinada semana adentrou o consultório de forma animada e exclamou: "Eu vi alguma coisa!". Von Franz perguntou-o: "O que você viu?". O paciente disse que estava sentado em silêncio, como de praxe, na frente de sua janela e dentro de sua casa quando, subitamente, viu a imagem de uma cabra do lado de fora da janela. A cabra apenas se encontrava parada por lá, com o olhar distante. Von Franz respondeu: "Isso é ótimo. Agora sim começamos". Ele disse a ela que não gostava muito de cabras, e queria que tivesse sido outra coisa. A dra. von Franz comentou: "Apenas fique com o que você vê".

Dica nº 2: Receba o Que Vier

Isso nos leva à segunda regra. A primeira regra é liberar-se e se abrir; e a segunda regra fala sobre "receber o que vier".

O paciente da dra. von Franz expressou sua preferência por algo mais interessante do que uma cabra. Ele vivia em uma área rural da Suíça, onde as cabras eram comuns e não tão fascinantes. Talvez ele preferisse ter visto uma águia ou um leão da montanha. No entanto, ele foi instruído a aceitar o que lhe foi apresentado. Essa é uma regra essencial.

Podemos lembrar da experiência de Jung no *Livro Vermelho*, em que ele descreve adentrar uma caverna e se deparar com algo terrível, algo que ele de forma alguma teria desejado ou convidado. No entanto, ele teve de aceitar o que lhe fora ofertado em sua imaginação. Todos nós possuímos um editor interno, um juiz que retrata o que é nobre, o que é básico, o que é digno, assim como o que é indigno. É necessário deixar esse editor de lado e simplesmente receber o que v aquela primeira coisa que se revela dentro da imagir

Essa regra distingue a imaginação ativa de prát. ditativas que seguem um programa ou usam imagens guiadas. Na meditação guiada, você pode começar com uma cena específica de um contexto ou meditar sobre uma figura divina específica. Há instruções para cada um desses exemplos. A imaginação ativa não funciona dessa maneira. Depois de criar um ambiente confortável e limpar a mente de pensamentos intrusivos, quando algo surgir em seu espaço imaginativo, a sugestão é não julgar. Apenas receba, aceite e permaneça com isso.

Essa é a instrução que von Franz deu ao seu paciente. Ela disse: "Você viu uma cabra do lado de fora da janela? Fique com ela – o que ela faz? Preste atenção e veja o que ocorre". Quando o paciente retornou para a sessão na semana seguinte, von Franz perguntou o que aconteceu. O paciente respondeu que nada aconteceu, a cabra permaneceu lá sem fazer nada durante toda a semana. Von Franz o encorajou a continuar observando a cabra todos os dias, ficar com a imagem e ver o que acontecia. Nas semanas seguintes, a situação se repetiu – a cabra estava lá, mas nada além disso aconteceu. O paciente foi de fato paciente e continuou a observação através de sua janela – a cabra ainda permanecia lá, mas nada mais acontecia além disso.

Então, inesperadamente, no meio da noite, o telefone de von Franz toca e ela o atende. Do outro lado da linha, o paciente diz: "Dra. von Franz, estou enlouquecendo! Você precisa me internar em um hospital psiquiátrico. Estou perdendo minha sanidade". Ela responde: "Você consegue esperar até de manhã? Encontre-me em meu consultório às 7 horas da manhã. Teremos uma sessão de emergência. Você pode me contar o que está acontecendo, e veremos se é necessário internamento. Vou cuidar disso. Mas você pode esperar até de manhã?". O paciente concordou com a espera.

Quando o paciente chega às 7 horas da manhã seguinte, von Franz o recebe em seu consultório e pede que lhe conte o que está acontecendo. O paciente relata que, durante sua imaginação ativa no dia anterior, enquanto olhava pela janela como de costume, viu a cabeça da cabra. Repentinamente, a cabra moveu a cabeça e olhou diretamente para ele. O paciente sentiu deste modo que estava perdendo o controle de sua psique e acreditou estar enlouquecendo. Von Franz ri e explica que isso é exatamente o que deveria acontecer na imaginação ativa. Ela diz: "Agora você tem algo acontecendo e pode interagir com essa cabra. A imaginação ativa está começando realmente agora".

Dica nº 3: Caso se Mova, Siga

Isso introduz a terceira regra da imaginação ativa: *caso algo se mova, siga* e permaneça com esse movimento na imaginação. Essa regra nos leva não apenas à aceitação do que aparece, mas também ao envolvimento ativo do ego com as figuras autônomas que surgem na imaginação, figuras que demonstram ter vida e vontade próprias. Nessa fase da imaginação ativa, é importante que o ego, o "eu" na história, mantenha suas atitudes e sentimentos assim como lhe são característicos. Os indivíduos precisam entrar na história que está se desenrolando com plena consciência de quem são e agir como se o diálogo e a cena estivessem realmente acontecendo diante deles. Essa é a diferença entre a imaginação ativa e uma fantasia passiva. Na fantasia passiva, você apenas observa o que está ocorrendo. Na imaginação ativa, você entra na cena e se envolve com ela como se fosse um evento real, físico e dramático acontecendo bem diante de você.

Jung relata a história de um paciente jovem que compartilhou uma imaginação ativa que havia realizado entre as sessões. O paciente descreveu que, em sua imaginação ativa, estava com sua noiva patinando no gelo de um lago próximo. Ele estava na margem observando-a. De repente, o gelo quebrou e sua noiva caiu na água congelada, gritando por ajuda como se estivesse se afogando. Jung reagiu dizendo: "Oh, não! O que você fez?". O jovem, envergonhado, admitiu que havia simplesmente observado passivamente a cena diante dele, como se estivesse assistindo a um filme. Jung então perguntou: "O que você faria se isso estivesse realmente acontecendo?". O paciente respondeu que, se fosse o caso, ele pediria ajuda e pularia na água para tentar salvá-la. Jung explicou: "Bem, é exatamente isso que você deve fazer na imaginação ativa. Seja você mesmo o máximo possível, aja como se esse evento estivesse ocorrendo no mundo físico ao seu redor". Essa história destaca o forte envolvimento do ego na imaginação ativa. Não se trata de uma fantasia passiva. O ego permite que a história se desenrole, mas ao mesmo tempo o indivíduo também é um participante ativo na cena que está se desenvolvendo na imaginação.

Essas são as regras fundamentais da imaginação ativa: esvaziar a mente e estar aberto ao que vier; aceitar e se envolver com o que se apresentar; seguir os movimentos e fluxos que surgirem na imaginação; e, por fim, interagir genuinamente com o conteúdo que se manifesta. Ao seguir essas regras básicas, é possível obter sucesso na prática da imaginação ativa.

Se você está interessado em experimentar a imaginação ativa, siga estas orientações. Reserve cerca de 20 a 30 minutos todos os dias durante uma semana para iniciar o processo de imaginação ativa. Use um temporizador e, após aproximadamente 20 minutos de prática, faça anotações em um diário sobre o que aconteceu. No dia seguinte, retome a partir do ponto onde parou no dia anterior e continue a partir dali. Ao fazer isso regularmente por um mês, você começará a construir um mundo interior estável que poderá explorar e, portanto, desfrutar dos benefícios da imaginação ativa pelo resto de sua vida. No entanto, vale ressaltar que isso requer determinação e paciência vindas de você. Todos possuem a capacidade dentro de sua psique de exercitarem esta poderosa função e utilizá-la de forma ativa, dando abertura para uma experiência do mundo interior e uma conexão com o inconsciente.

Além de seguir as regras mencionadas, é importante evitar interpretar a imaginação ativa enquanto ela estiver discorrendo. Permita que ela se revele, enquanto você se concentra em registrá-la. Compreender o significado virá posteriormente, mas, por enquanto, evite o uso de suas habilidades cognitivas de interpretação – isso pode bloquear o desenvolvimento posterior. A imaginação ativa é uma experiência que envolve imagens, narrativas e emoções. É provável que você se torne bastante emotivo ao utilizar esse método. Portanto, é sensato estabelecer um limite de tempo, como 20 ou 30 minutos por dia. Não se envolva excessivamente e sempre mantenha o controle consciente sobre essa atividade imaginativa na qual você está se envolvendo.

Ao experimentar a imaginação ativa, é importante registrar tudo o que você vivencia, vê, ouve ou sente. Anote essas experiências em seu diário, pois mais tarde você desejará ter a opção de voltar e revisitar seus passos. Evite a tentação de interpretar excessivamente enquanto avança.

Espere até que o processo esteja bem estabelecido antes de analisar o significado. Simplesmente permaneça com os símbolos e as figuras e continue trabalhando com eles. À medida que essa série de imagens se desenvolve, você poderá buscar uma interpretação usando conceitos psicológicos mais adequados.

Referências Bibliográficas

ABRAMOVITCH, H. "When Is It Time to Stop? When Good Enough Becomes Bad Enough." *Journal of Analytical Psychology* 66:4, 2021.

CORBIN, H. *Mundus Imaginalis or The Imaginary and the Imaginal.* Primavera de 1972, pp. 1-33.

ELLENBERGER, H. *The Discovery of the Unconscious: The History and Evolution of Dynamic Psychiatry.* Nova York: Basic Books, 1970.

JACOBY, M. *The Analytic Encounter: Transference and Human Relationship.* Toronto: Inner City Books, 1984.

_____. *Longing for Paradise.* Boston: Sigo Press, 1985.

JUNG, C. G. *The Transcendent Function. Collected Works,* vol. 8, 1916 a 1969.

_____. *Problems of Modern Psychotherapy. Collected Works,* vol. 16, 1931 a 1966.

_____. *The Stages of Life. Collected Works*, vol. 8, 1938 a 1969.

_____. *A Study in the Process of Individuation. Collected Works*, vol. 9i, 1950 a 1968.

_____. *Memories, Dreams, Reflections.* Nova York: Vintage Books, 1961.

_____. *Psychology and Alchemy. Collected Works*, vol. 12, 1968.

_____. *Visions: Notes of the Seminar Given in 1930-1934.* Claire Douglas (org.) 2 volumes. Princeton, Nova Jersey: Princeton University Press, 1997.

_____. *The Red Book: Liber Novus.* Nova York: W.W. Norton & Co., 2009.

MCGUIRE, W. *The Freud/Jung Letters.* Princeton, Nova Jersey: Princeton University Press., 1974.

NEUMANN, E. *The Origins and History of Consciousness.* Princeton, Nova Jersey: Princeton University Press., 1954 [*História das Origens da Consciência.* 2ª ed. São Paulo: Cultrix, 2022.]

WHEELWRIGHT, J. *Termination.* M. Stein (org.). *Jungian Analysis.* Chicago: Open Court., 1982